GEORGES DWELSHAUVERS

Professeur à l'Institut Catholique de Paris
Ancien directeur du Laboratoire de Psychologie de Barcelone

La Catalogne

et

e Problème Catalan

LIBRAIRIE FÉLIX ALCAN

LA CATALOGNE

ET

LE PROBLÈME CATALAN

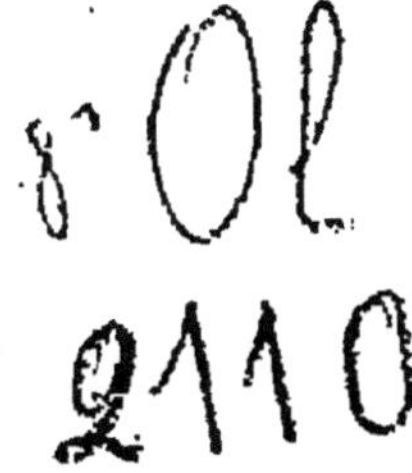

LA CATALOGNE

ET

LE PROBLÈME CATALAN

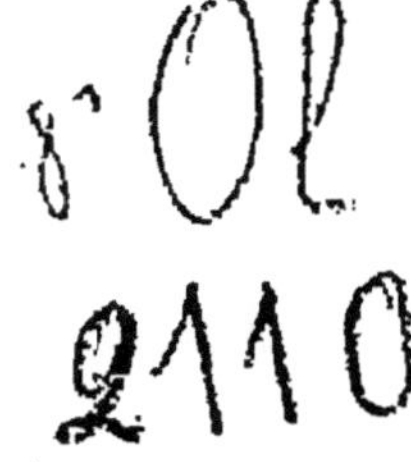

LA CATALOGNE

ET

LE PROBLÈME CATALAN

PAR

GEORGES DWELSHAUVERS

Professeur à l'Institut Catholique
de Paris
Ancien directeur du Laboratoire de Psychologie de Barcelone.

PARIS

LIBRAIRIE FÉLIX ALCAN

108, BOULEVARD SAINT-GERMAIN, 108

—

1926

AVANT-PROPOS

Le présent livre est exempt de toute préoccupation politique. Seule l'observation objective y parle. Mêlé depuis plusieurs années à la vie de la Catalogne, j'ai eu le loisir d'observer, d'écouter et de me documenter. J'ai tenté de me rendre compte de ce qu'est l'esprit catalan et de la portée du problème catalaniste ; je tâche aujourd'hui de l'expliquer aux lecteurs qui voudraient bien s'y intéresser. Tout en étant sympathique à l'effort catalan, je n'ai pas à prendre parti, mais seulement à essayer de comprendre et d'interpréter les faits que j'ai constatés.

Il ne me serait pas possible de remercier individuellement toutes les personnes qui ont bien voulu me renseigner. Cependant, afin de m'acquitter d'une dette de reconnaissance, je tiens à les remercier collectivement en la personne de l'homme qui représentait officiellement l'Union des Provinces

Catalanes (*Mancommunauté de Catalogne*), pendant que je recueillais les documents qui ont servi de matériaux à ce livre : M. J. Puig i Cadafalch, élu quatre fois successives Président de la Mancommunauté de Catalogne.

J. Puig i Cadafalch, connu à l'étranger par ses travaux d'histoire de l'architecture, notamment par son *Histoire de l'Architecture romane en Catalogne*, jugée digne d'un prix par l'Académie Française, et appelé à faire un cours à la Sorbonne sur l'architecture romane en Catalogne (janvier-février 1925), dut à la confiance de ses concitoyens et à ses qualités d'intégrité, de fermeté, de dévouement à l'idéal collectif, d'occuper pendant plusieurs années la charge de premier magistrat de l'Union des Provinces Catalanes.

Il a abandonné les fonctions de Président de la Mancommunauté de Catalogne le jour où le Directoire militaire décida que les conseillers élus par le suffrage populaire devaient céder la place à des hommes nommés, d'autorité et sans élection, par le Pouvoir Central.

Barcelone, 1925.

LA CATALOGNE

CHAPITRE PREMIER

LE PAYS DE CATALOGNE

§ 1.

PEUPLE CATALAN ET TERRE CATALANE

Le voyageur qui vient de Perpignan et entre en Espagne par Cerbère et Port-Bou, le long de la Méditerranée, trouve, au sud des Pyrénées, un pays prospère : vallées bien cultivées séparant de belles montagnes boisées, cultures maraîchères, plantations d'olivier, vignobles ; de lourds épis de maïs sont suspendus aux façades des fermes ensoleillées. On traverse des cités florissantes, Figueras, Flassa, Gérone. Aux approches de Barcelone, un grand nombre d'usines en pleine activité annoncent une ville industrielle de première importance.

Le pays que l'on parcourt, c'est la Catalogne. Qu'est-ce, exactement, que la Catalogne ? Telle est la question que le lecteur est en droit de nous poser. Essayons de le renseigner avec précision.

Si l'on consulte la géographie politique actuelle, la Catalogne, située au N.-E. de l'Espagne, est formée par l'ensemble de quatre provinces, celles de Barcelone, Gérone, Tarragone et Lleyda (plus connue à l'étranger sous le nom castillan de Lérida). Si l'on s'en rapporte à la philologie et que l'on entende par Catalogne les pays dont la langue naturelle est le catalan, il faudra d'abord élargir vers l'ouest et vers le sud les frontières des quatre provinces susdites, puis y ajouter le Roussillon, les îles Baléares et le territoire d'Alguer (à l'ouest de la Sardaigne). En comptant les habitants de ces pays ainsi que les Catalans d'Amérique, on arrive à un total difficile à supputer, mais qui s'élève sans doute au delà de cinq millions.

Enfin, si l'on étudie l'histoire de la Catalogne et que l'on cherche dans la tradition l'explication des caractères actuels du Catalan, un tableau dramatique d'une rare intensité se déroule à nos yeux. Et, ici, le lecteur ne nous en voudra pas d'insister. Nous avons la conviction que les événements dont nous parlerons lui paraîtront aussi remarquables qu'ils l'ont paru à celui qui les expose ici.

Tentons donc tout d'abord de donner un aperçu du passé glorieux de la Catalogne, de ce passé qu'évoquent volontiers les Catalans d'aujourd'hui et que leurs poètes chantent souvent.

Après, nous passerons à la description géographique pour arriver ensuite aux productions agricoles et industrielles.

I. — ASPECT HISTORIQUE.

La Catalogne, pendant tout le Moyen Age, fut un des pays les plus intéressants de l'Europe, et ce sont des infortunes d'ordre *politique* qui ont fini par détruire une nation d'une évidente supériorité *sociale* ; ici, comme dans toute l'histoire, il importe de distinguer les combinaisons politiques, souvent dues à la violence et à l'intrigue, de la vie réelle et profonde d'un peuple. Par bonheur, les peuples survivent aux leurres des politiciens ; inconsciemment, souvent, ainsi que l'a montré Gustave Le Bon, une force latente, mystique, les soutient ; ils finissent par reprendre possession d'eux-mêmes, par s'affirmer, et ils se font écouter, en dépit de ceux qui se sont arrogé le droit de les régir malgré eux. Nous en avons eu trop d'exemples récents pour devoir insister.

Pour l'intelligence de ce qui va suivre, il est nécessaire, dès le début, de corriger une erreur très répandue et propagée par les manuels. On désigne le plus souvent sous le nom de *rois d'Aragon* une suite illustre de monarques du Moyen Age, parmi lesquels chacun connaît Pierre Ier le Catholique, Jacques le Conquérant, Pierre II le Grand, Jacques II. Or ces rois, dits d'Aragon, sont *essentiellement catalans* ; leur cour, leurs conseillers, leurs généraux sont catalans ; catalane encore, toute leur politique ; catalane leur langue. En réalité, les rois d'Aragon, de 1137, date de la réunion de l'Aragon et de la Catalogne sous un même sceptre, jusqu'en 1410, date de l'extinction de la maison de Barcelone, ne sont autres que les *Comtes de Barcelone*. Ramon Berenguer IV, qui, le premier, réunit sous son autorité le royaume d'Aragon et le Comté de Barcelone, s'intitule encore Comte de Barcelone. Si son fils Ramon, qui régna sous le nom d'Alphonse Ier, prit le titre de roi d'Aragon, tout en étant de la maison de Barcelone, c'est que, le titre de roi étant supérieur à celui de comte, il était naturel qu'il choisît celui-là, sans y modifier le déterminatif « d'Aragon », pour ne pas blesser les sujets de ce dernier royaume. Mais son entourage, ses généraux, ses ministres furent catalans comme par le passé ; c'est la politique catalane qu'il continua ; aux heures périlleuses, ce furent les Catalans qui soutinrent les rois dits d'Aragon, expression vivante de leurs sentiments et de leurs intérêts, alors que, dans le pays d'Aragon, les nobles se coalisaient pour leur créer mille difficultés. Pour être correct, il faudrait donc parler de la dynastie *catalane* d'Aragon.

Nous avons dit : politique catalane. En quoi consistait la politique catalane ? A respecter les tendances naturelles du peuple catalan, au dedans du pays et au dehors.

Au dedans : ces tendances se caractérisent par un sentiment très vif de liberté. Au XIVe siècle, on considérait le peuple catalan comme « le peuple le plus libre du monde » : inviolabilité du domicile et de la propriété ; ni confiscation de biens, ni obligation de loger des soldats en temps de guerre, ni service militaire permanent ; faculté de circuler librement dans tout le pays, sans nul papier qui ressemblât à nos passeports, et permission d'user d'armes de toute espèce [1], tels étaient quelques-uns des avantages qui leur revenaient, étant plus libres en cela que les citoyens de la plupart des nations de notre époque, qui aime à se proclamer éclairée, avancée, scientifique, cultivée !

Il est frappant de constater combien les princes catalans évitaient de heurter les droits du peuple et son sentiment de liberté ; jamais ils ne parlaient à leur peuple sur un ton arrogant, mais avec simplicité, droiture et bonhomie. Plus tard, quand la dynastie de Catalogne se fut éteinte et que prédomina la Castille jusque dans le Nord-Est de l'Espagne, les Catalans se plaignirent de ce que les Castillans se considéraient supérieurs à eux et les traitaient avec hauteur. Parfois, ils réussirent à leur imposer silence ; ils ne s'accoutumèrent jamais à la manière castillane. La Catalogne est, en ce sens, très démocratique ; l'observateur ne manque pas d'être frappé du ton simple et égalitaire qui y règne.

Une autre preuve typique du respect accordé par les comtes catalans aux coutumes de leur pays, c'est la publication, vers 1068, des *Usatges de Barcelona*, par Ramon Berenguer I. La manière dont ces *Usatges* s'étaient formés est caractéristique. Lorsque, dans les dernières années du xe siècle, le comté de Barcelone fut indépendant, de fait, de la monarchie franque,

1. A. Aulestia y Pijoan, *Historia de Catalunya*, Barcelona, 1887, II, 247.

très affaiblie déjà, l'absence de législation fut remplacée en Catalogne par une jurisprudence pratique, se créant en quelque sorte par l'application même, et constituant ainsi une suite d'usages et de normes transmis par la coutume. Un moment vint où il fallut les rédiger. Ce premier code d'Usages s'accrut, jusqu'à la fin du XIIIᵉ siècle, de nouvelles dispositions légales [1].

Les *Usatges* sont donc, à l'origine, essentiellement *catalans*. L'influence du droit romain ne se fit sentir qu'à partir de la fin du XIIᵉ siècle, principalement sous l'influence des juristes de l'École de Bologne. La rédaction du premier code fut l'œuvre commune du prince Ramon Berenguer I et d'un grand nombre de ses contemporains, consultés à cet effet. C'est en présence d'une assemblée de notables qu'il fut lu et promulgué. Rien d'autoritaire. Œuvre collective. « La « volonté des législateurs, écrit Aulestia, fut si bien « fondée dans la nature même de notre peuple qu'aujourd'hui encore, huit siècles plus tard, certaines « de leurs dispositions restent en vigueur et sont appliquées par les tribunaux. Avec ce code, à la Catalogne revient la gloire d'avoir été, parmi les nations « chrétiennes d'Occident, la première à formuler un « ensemble de lois, au sortir de l'époque de l'invasion « des Arabes et de la chute de l'Empire carlovingien.

« Le code des *Usatges* révèle parfaitement la constitution propre de la société de ce temps, amalgame

1. VALLS TABERNER et F. SOLDEVILA, *Historia de Catalunya*, Barcelone, 1922, I, 149. — Voir aussi l'édition des USATGES par RAMON d'ABADAL et F. VALLS TABERNER, Barcelone, 1913.

« de barbarie et d'idées humanitaires. Ses lois variées
« et entremêlées présentent des dispositions relatives
« au droit politique, civil, pénal et à la procédure [1]. »

Le même auteur donne comme exemples du droit
politique les devoirs du prince et son rôle dans le
maintien de l'unité nationale ; le devoir de tout homme
de prendre les armes pour la défense du pays ; la protection des voyageurs, quels que soient leur état et
leur religion ; un ensemble de dispositions relatives
aux coutumes féodales, aux obligations des vassaux ;
la définition de la situation respective des chevaliers
et des bourgeois. Quant à l'esclavage, il n'est men-
tionné qu'à propos des Sarrazins : on sait la lutte
plusieurs fois séculaire des peuples ibériques contre
les Infidèles.

Le droit civil proclame le respect des tribunaux, la
liberté de tester du père et la faculté de faire des
donations de faveur à qui il veut d'entre ses enfants,
et, inversement, les droits du seigneur sur les biens
de ses vassaux qui meurent sans postérité ou sans
avoir fait de testament. De nombreuses dispositions
figurent dans les *Usatges* sur le respect de la personne
et de la propriété et sur les peines qui frappent ceux
qui y contreviennent.

Le droit pénal et la procédure offrent un mélange
complexe de préceptes d'origine diverse, les uns,
pleins d'humanité envers les voyageurs et les étrangers ; d'autres, réglant les indemnités en cas de dom-

1. *Ouvr. cité*, I, 200.

mage, suivant les degrés établis dans la société par le système féodal ; d'autres enfin, suffisamment cruels, édictant des châtiments corporels qui n'ont disparu, en somme, qu'au xix⁰ siècle, grâce aux idées de la Révolution française. Des recommandations détaillées sur la Trève de Dieu complètent les *Usatges*.

En tout état de cause, le droit catalan était en avance sur son temps, et le Code des Usages est une preuve du sens de l'indépendance et de l'organisation collective, comme traits du caractère catalan.

Voici un autre exemple encore : le rôle des États généraux et leur importance dans la politique catalane. Ces États (*Corts*) sont le résultat d'une évolution assez longue. On les voit apparaître en 1198, sous Pierre le Catholique, mais ils ne sont encore à ce moment que des assemblées de personnages importants et de prélats, sans qu'elles soient établies par le droit politique. Elles ne le furent à ce dernier point de vue qu'en 1283, sous Pierre le Grand, qui s'engageait à les réunir périodiquement. Cependant, dès 1228, suivant la Chronique de Jacques Iᵉʳ, les États ou *Corts* se réunissaient en Catalogne, étant constitués déjà sur leur plan définitif et comprenant trois éléments ou « bras », le bras ecclésiastique, le bras seigneurial et le bras populaire, composé des bourgeois des villes. Pendant le même règne encore, cette représentation s'étendit de façon à embrasser, sous forme d'États généraux, des délégués de tous les pays de Catalogne et d'Aragon [1].

1. Aulestia, I, 280-1 ; Valls, I, 186.

Ici encore, la Catalogne fournit un exemple de bonne organisation et de respect des droits des citoyens. Les États préparaient les lois, les trois éléments ou « bras » y travaillant de façon à se mettre d'accord ; ils les interprétaient et les transformaient ; ils votaient les subsides, mais seulement après que le roi eût donné satisfaction à leurs griefs.

Les États se réunissaient tous les trois ans ; ils nommaient, pour les représenter dans l'intervalle, une Députation ou Généralité, chargée de veiller au pacte qui unissait le roi et ses sujets, et aux libertés de ceux-ci, à la sécurité du pays, à l'observance des lois, au prélèvement des droits de péage. C'était là le véritable gouvernement du pays.

Au dehors, la politique catalane consistait en un effort d'expansion, non pas que le Catalan fût guerrier de nature ; mais, essentiellement commerçant, cette expansion lui était nécessaire. Les historiens se plaisent à citer les mariages des comtes de Barcelone, habilement combinés pour accroître leur territoire, particulièrement dans le midi de la France, et, plus tard, leurs conquêtes insulaires (Baléares, Sicile, Corse et Sardaigne); or, la dynastie catalane, en agissant en ce sens, ne faisait qu'obéir à l'impulsion du peuple catalan : à celui-ci, il fallait des débouchés ; l'histoire *économique* est ici prépondérante.

Nous en avons une première preuve en ce fait qu'après l'extinction de la dynastie catalane et le commencement du long processus d'absorption de la

Catalogne et de l'Aragon par la Castille, la politique catalane — celle des Catalans proprement dits et non celle des Aragonais — s'imposa à la nouvelle dynastie, entre autres à Alphonse IV, dit le Magnanime, qui continue pendant trente ans leur politique en Italie, s'appuyant sur des généraux et des amiraux catalans [1].

Ensuite, on voit encore les Catalans triompher en défendant leur empire commercial maritime, sous le règne de Ferdinand II le Catholique, et leur escadre soumettre à la couronne d'Aragon le nord de l'Afrique.

Enfin, examinons ce qui donna le coup de grâce à la grande prospérité du commerce catalan, si considérable pendant tout le Moyen Age. Après la découverte de l'Amérique, la Méditerranée perdit beaucoup de son importance marchande au profit de l'océan Atlantique. Or, en vertu du codicille ajouté au testament d'Isabelle la Catholique, les citoyens de la couronne catalano-aragonaise furent exclus, sous peine de mort, du commerce avec les Indes. « Cela ne fit pas « grand mal aux Aragonais, éloignés de la mer, écrit « Rovira i Virgili, mais ce fut un coup terrible pour « les Catalans. Ils perdirent le commerce de l'ancienne « mer et ne purent conduire leurs navires marchands « sur les mers nouvelles. Ils se virent réduits au com- « merce mesquin de la Méditerranée, qui avait été « laissée en dehors des grandes routes maritimes et « qui, en plus, présentait de grands dangers, car les

1. PRAT DE LA RIBA, *Història de la Nació catalana*, dans la collection *Minerva*, Barcelone.

« Turcs étaient maîtres de ses côtes orientales, et elle
« était infestée de pirates. Les ports de l'Andalousie
« eurent le monopole du commerce avec les Indes[1]. »

En résumé : besoin d'expansion commerciale et
création d'un empire maritime.

Après avoir défini ces caractères essentiels : à l'intérieur, sentiment de liberté et puissance d'organisation collective ; au dehors, expansion commerciale, revenons à la grande Catalogne du Moyen Age, pour constater quels furent les effets de ces tendances naturelles, instinctives, sa volonté d'indépendance et son besoin d'expansion, et envisageons la Catalogne, depuis la fin du IX° siècle jusqu'au début du XV°, c'est-à-dire du comte Guifre au roi Martin Ier.

Il est incontestable qu'elle eut le bonheur d'être régie par des princes intelligents et énergiques qui, en général, surent comprendre les nécessités de la nation et reflétèrent assez exactement ses tendances. Comment résumer leur action ?

Bien que ce soit toujours un procédé artificiel que de découper en phases distinctes des faits à la fois continus et complexes comme ceux de la vie sociale d'un peuple, il n'est pas faux, cependant, de diviser en deux périodes cette glorieuse époque. La première période s'étend des débuts de la dynastie de Barcelone jusqu'à la victoire de Simon de Montfort sur les princes du Midi de la France, défenseurs des Albigeois, et à la mort de Pierre Ier dit le Catholique, roi cata-

1. ROVIRA I VIRGILI, *El nacionalismo catalán*, 1917, p. 80.

lan d'Aragon, venu au secours de ceux-ci : cette mort se place en 1213, au siège de Muret. La seconde période va de cette dernière date à la mort de Martin Ier, dit l'Humain, survenue en 1410.

L'une se caractérise, au point de vue de la politique extérieure, des alliances, des interventions étrangères et des batailles, par la lutte contre les Arabes en Espagne et par l'extension du pouvoir catalan dans le Midi de la France. Au début de la seconde, nous assistons à la fin de la domination catalane en France, domination qui fut blessée à mort dès 1213 et définitivement abolie par le traité de Corbeil, conclu entre saint Louis, roi de France, et Jacques Ier, roi catalan d'Aragon, en 1258. Ce traité mit fin au beau rêve d'un *empire pyrénéen*, qui hantait la pensée des princes catalans.

La période qui commence en 1213 nous fait assister à la continuation des luttes des rois catalano-aragonais pour assurer leur empire dans le Nord-Est de la Péninsule Ibérique, en même temps qu'à un mouvement puissant d'expansion et de conquête à travers la Méditerranée.

Néanmoins, il est juste d'ajouter que ces deux directions de la politique extérieure de la dynastie catalane se marquent déjà dans la première période, puisque, d'une part, cette dynastie, dès ses débuts, entre en conflit avec les Arabes pour leur arracher graduellement les parties occupées de son pays et même pour intervenir très efficacement dans les luttes contre les Infidèles jusque dans le Sud de la Péninsule ; et, d'autre part, l'activité commerciale et la situation maritime du comté de Barcelone devaient entraîner tout naturellement les Catalans à chercher des débouchés dans les pays méditerranéens. De là, nécessité pour eux de protéger leur marine marchande.

Or, dès le début du ixe siècle, Armengol, comte d'Empuries, attaque une escadre de pirates sarrazins venue de Corse et la met en déroute dans les eaux de Majorque. Au xie siècle, une escadre pisane touche fond devant Blanès, et, ne sachant se tirer d'affaire, les marins débarquent et appellent à leur secours le duc Ramon Berenguer, qui est nommé amiral de cette flotte et en prend le commandement. Au xiie siècle, la Catalogne, est admirée pour ses navires nombreux et bien équipés. Dès le début de ce siècle, Ramon Berenguer III appareille une flotte pour combattre les Sarrazins et détruire les pirates, et, un peu plus tard, avec son escadre, il rend visite aux ports italiens. Au xiiie siècle, de nombreux documents indiquent les progrès de la marine catalane [1].

Ainsi, la grande expansion maritime des Catalans se préparait de longue main ; elle commença au moins deux siècles antérieurement à son apogée, qui dura environ depuis le temps de l'expédition de Roger de Flor à Constantinople, en 1303, expédition qui eut comme résultat positif l'établissement des guerriers catalans à Athènes et à Néopatrie, jusqu'à l'extinction

1. Édition MOLINÉ du *Llibre del Consolat de Mar* (Livre du consulat de la mer) dans les Introductions, *partie historique.*

de la dynastie de Barcelone en 1410. Mais après, cette hégémonie maritime se maintint encore florissante jusqu'au début du xvi° siècle, époque à laquelle, comme nous l'avons signalé, l'escadre catalane soumit à la couronne d'Aragon la côte septentrionale de l'Afrique. On sait la décadence qu'elle subit à cause des privilèges exclusifs que s'étaient réservés les Castillans dans le commerce avec l'Amérique.

On a dit que les Athéniens, avec leurs établissements de commerce et leur flotte puissante, furent « les Anglais de l'Antiquité ». On pourrait dire avec autant de raison que les Catalans possédèrent pendant le Moyen Age une puissance maritime qui peut être comparée, toutes proportions gardées, à celle des Anglais dans les temps modernes. En effet, au début du xv° siècle, après plus de deux siècles d'efforts continus et après avoir surmonté les difficultés énormes de la terrible lutte qu'ils engagèrent pour la domination de la Sicile contre Charles d'Anjou, soutenu à la fois par la France et la Papauté, les Catalans avaient fondé un empire maritime qui comprenait les îles Baléares, la Corse et la Sardaigne, la Sicile, les duchés d'Athènes et de Néopatrie.

A la même époque, les territoires des rois catalans d'Aragon englobaient le comté de Barcelone, berceau de la dynastie, et les autres principautés catalanes qui, indépendantes au début, avaient graduellement subi l'ascendant des grands princes que furent Ramon Berenguer IV, Alphonse Ier, Pierre Ier le Catholique, Jacques Ier le Conquérant, Pierre II le Grand,

Jacques II, Pierre III, Jean Ier, Martin Ier l'Humain ;
sous ce dernier, leurs territoires comprenaient encore
le royaume d'Aragon, le royaume de Valence, la Cer-
dagne et le Roussillon, dernier fragment de l'éphémère « empire pyrénéen » qui, à la fin du XIIe siècle,
sous la domination d'Alphonse Ier, le premier « roi
d'Aragon », et de Pierre Ier, s'étendait des Pyrénées
orientales jusqu'à Nice, en englobant la Provence et
en recevant l'hommage du comte de Toulouse, des
seigneurs de Béarn, de Bigorre, de Nîmes, de Béziers
et de Carcassonne. Nous avons vu comment, quelques
années après cette puissance splendide et passagère,
l'issue de la croisade contre les Albigeois ruina la
domination catalane dans le Midi de la France.

Les démêlés de la dynastie barcelonaise avec ses
voisins d'Espagne présentent d'un côté un enchevê-
trement de combinaisons et d'alliances qui n'ont que
de lointains rapports avec notre but, et, d'autre part,
une lutte de plusieurs siècles contre les Arabes. Elle
était encore dans son plein au XIIIe siècle ; quand elle
eut pris fin sur terre, elle se perpétua longtemps
encore sur la mer, où les Catalans avaient à faire face
à d'autres ennemis plus obstinés encore, tels que les
Génois, leurs compétiteurs commerciaux.

La plupart des historiens semblent jusqu'à présent
s'être attachés surtout à l'histoire politique et juridique de la Catalogne. Ce n'est là que l'extérieur. Pour
saisir les mobiles des événements et tenir l'explication
des faits, il serait indispensable d'être renseigné plus
complètement sur l'histoire économique du peuple

catalan et de mettre au premier plan et cette histoire
et ce qu'on peut appeler l'aspect social du problème,
c'est-à-dire les sentiments collectifs qui se rapportent
à la religion, à la fierté nationale, à la vie pratique,
sans oublier le rôle de l'imitation et celui de l'initiative
ou de l'invention. Ce serait là l'histoire véritable de
l'activité du peuple catalan[1].

La preuve éclatante de l'importance des faits économiques dans l'histoire du peuple catalan nous est
fournie par le contenu d'un livre, le *Consulat de la
mer*, imprimé à Barcelone à la fin du xve siècle et dont
la première édition est en catalan (1494). C'est d'après
le texte original catalan que ce Code a été traduit dans
toutes les langues européennes. Mais il remonte à une
date antérieure. Les historiens en placent la rédaction
et la publication à l'époque de Jacques Ier le Conquérant. Selon Aulestia, ce serait entre 1258 et 1266
qu'aurait paru ce Recueil des coutumes de la mer,
« qui n'a cessé d'être célébré pour l'excellence de ses
« dispositions, adopté durant tout le Moyen Age par
« la totalité des nations maritimes, et qui fut le premier
« recueil de ce genre que l'on fit en Europe[2] ».

OEuvre essentiellement catalane, ce recueil a en
même temps un caractère d'universalité. Suivant les
nécessités pratiques, il s'est formé « par couches successives ». On désignait ce droit maritime coutumier

---

1. Il est juste de signaler à ce sujet les travaux de Antonio de
Capmany, à savoir ses *Mémoires sur la marine, le commerce et les
arts de l'antique cité de Barcelone* (1779).

2. Aulestia, I, 382.

sous le nom de « coutumes de la mer », « bons usages de la mer » ou « lois de Barcelone ». Après l'institution des consuls, qui firent partie des tribunaux pour affaires de commerce, ces lois prirent le nom de Livre du *Consulat de la mer* [1].

Ce livre fixe les attributions des juges et des consuls, la procédure à suivre en cas de litige, les droits et devoirs des gens de mer, les rapports des patrons de navires et des marchands (question très importante qui donne lieu à des dispositions nombreuses et détaillées), les préceptes à suivre en cas de dangers, accidents, bris et naufrages, les contrats entre armateurs et pêcheurs, la protection des marchandises, les droits et devoirs des officiers de marine et des hommes d'équipage ; en un mot, il contient un ensemble d'usages auxquels auront à se conformer les consuls et les juges chargés des procès relatifs au commerce maritime. Le texte primitif s'est graduellement accru de nombreuses lois et ordonnances des rois, des États du principat de Barcelone, du Conseil de la Cité, sur les questions nouvelles qui se présentèrent, par exemple sur le consulat de Sicile après l'attribution de celle-ci à la Catalogne. Il est curieux, en passant, de constater certaines différences dans la forme. Ainsi, les articles dus au roi Pierre II me paraissent plus concis, d'expression plus stricte.

Le fait qu'un recueil de cette importance ait été rédigé par les Catalans du XIII° siècle suffit à faire voir la valeur considérable du commerce maritime de

1. Voir la Préface de l'édition MOLINÉ.

la Catalogne. Aulestia cite dix-neuf ports notables des pays catalans, d'où sortaient les vaisseaux qui exportaient non seulement les produits du sol, mais encore ceux de l'industrie, tels que les étoffes, les laines, les peaux, les objets de fer, le cuivre, l'étain. Le commerce catalan s'étendait dans toute la Méditerranée jusqu'aux contrées de l'Orient, où il tenait tête aux marchands génois et pisans. La Catalogne ibérique comptait, alors déjà, plusieurs grands centres industriels, Barcelone, Vich, Manresa, qui, de nos jours, avec la Renaissance catalane, ont repris le bel essor de jadis.

Nous avons essayé de donner un tableau synthétique de la puissance catalane au Moyen Age. Pour en compléter le tracé, il nous reste à ajouter quelques mots de l'activité intellectuelle.

Il serait erroné de croire que toute l'activité catalane se résumât en des créations juridiques et en un empire commercial. Les idées religieuses, philosophiques et artistiques trouvèrent dans ce pays un milieu favorable.

Et, tout d'abord, les Catalans avaient un langage propre à leur manière de sentir et de penser ; ce langage, le catalan, très florissant aujourd'hui, s'est formé directement du latin, parallèlement au provençal, au français, à l'italien. Nous en reparlerons. Dans le domaine littéraire, il donna des productions originales, comme des traités philosophiques et religieux et les livres des chroniqueurs. A côté de ces

œuvres vraiment catalanes et dans lesquelles les
Catalans sont des précurseurs, il y eut un nombre
considérable d'œuvres de valeur, dues aux échanges
avec l'étranger, à l'influence des troubadours provençaux et à celle des grands auteurs italiens, Dante,
Pétrarque et Boccace.

Les sentiments religieux, d'autre part, ont été très
vifs, toujours, en Catalogne, et la littérature d'église
s'y est développée largement. Les saints et les ermites
ont été nombreux dans le pays ; l'on y constate aussi
l'extension remarquable du culte de la Sainte Vierge,
vénérée en plusieurs lieux et particulièrement, dès le
x° siècle, au Montserrat, qui attire, de nos jours
comme jadis, en toute saison, un nombre considérable de pèlerins. Nous le retrouverons dans la vie
religieuse (chapitre III, dernier paragraphe).

En dépit de l'attitude agressive que prirent parfois
les rois catalans d'Aragon vis-à-vis de la Papauté, et
des singulières compromissions auxquelles ils se
livrèrent, il n'en est pas moins vrai qu'ils furent de
bons catholiques, combattant les hérésies dans leur
territoire, faisant vaillamment la chasse aux Infidèles
et que, tout en usant d'une grande tolérance vis-à-vis
des Juifs et en les protégeant même contre les exci-
tations de certains moines, ils surent maintenir leur
culte dans des limites bien déterminées et réprimer
leurs coutumes d'usuriers.

L'architecture religieuse et civile fut très cultivée
en Catalogne : les cloîtres et églises de style roman
et de style ogival qui subsistent encore aujourd'hui

sont là pour le prouver ; l'on a retrouvé aussi de remarquables œuvres de sculpture et de peinture ornementales. Le musée des Beaux-Arts de Barcelone en possède plusieurs, dont la valeur est inestimable. En outre, à en juger et par les maisons particulières de certaines rues du vieux Barcelone et par les grandes fermes, postérieures au xvᵉ siècle, qu'on admire dans la campagne, les gens riches n'étaient pas insensibles à l'ornementation de leur logis et continuèrent à l'être, même après l'époque glorieuse de l'histoire catalane. Enfin, les villes ne restèrent pas en arrière : à preuve le « Palais de la Généralité » de Barcelone, un monument grandiose dans lequel l'art gothique du xvᵉ siècle se combine avec les premières manifestations de la Renaissance, et qui fut construit par adaptations successives [1].

La science fut cultivée avec zèle, particulièrement dans l'université fondée à Lleyda sur le type des universités de France, d'Italie, d'Angleterre, et aussi grâce aux échanges d'idées entre les différents pays de l'Europe au Moyen Age. On sait que les professeurs illustres allaient d'un pays à l'autre, aidant à la diffusion des idées philosophiques et scientifiques, que les jeunes gens voyageaient et que le latin était un moyen commode de s'entendre, pour les gens instruits, d'un bout à l'autre de la chrétienté.

1. Voir la belle monographie de J. Puig i Cadafalch et Miret i Sans, *El Palau de la Diputació General de Catalunya*, ainsi que *L'organisation et l'œuvre de la Muncomunitat de Catalogne*, Barcelone, 1923, p. 9 et suiv.

Si l'on veut se faire une idée exacte de la culture catalane sous les rois de la dynastie de Barcelone, on trouvera une source précieuse de documentation dans les deux importants volumes publiés par l'excellent historien de la culture catalane, M. A. Rubió i Lluch [1].

Ce dernier a rendu aux historiens un réel service, consacrant de longues années à dépouiller les archives de la Couronne d'Aragon, particulièrement riches en documents utiles pour connaître la culture catalane. Il a mis en lumière la participation active des rois catalans d'Aragon à la vie artistique, littéraire et scientifique de leur temps. Plusieurs de ces rois étaient de remarquables orateurs, tels que Jacques II, Pierre III et Martin Ier ; d'autres, comme Alphonse Ier et Pierre le Grand, étaient poètes. Tous, ils eurent à cœur de rester en contact intime avec les plus cultivés des peuples européens ; leurs préoccupations intellectuelles marchaient de pair avec les relations commerciales et politiques que soutenait la Catalogne dans le Midi de la France et l'Italie. L'art et la pensée s'élevèrent, en Catalogne, à une grande hauteur, comme le prouvent les œuvres architecturales, l'admirable monastère de Poblet, par exemple, le travail du métal qui a donné des ferronneries de réelle beauté, et la perfection qu'atteignit la prose catalane avec Jacques Ier, Ramon Lull, Arnau de Vilanova, Muntaner, Eximeniç et Bernat Metge. Les poètes ne firent pas défaut ; l'art des troubadours fut florissant à la

---

1. *Documents per l'història de la cultura catalana mig-eval* (Publications de l'*Institut d'Estudis Catalans*).

Cour des rois. Ceux-ci firent aussi venir des peintres de Flandre ; ils suivirent de près les littératures des pays qui étaient en étroite relation avec le leur. Bien plus, on compte certains rois catalans, — la chose mérite d'être relevée, — qui furent les initiateurs de l'humanisme dans l'Occident de l'Europe : tel Jean Ier, à la fin du XIVe siècle, qui, dans le *Songe* de Bernat Metge, figure comme humaniste, astrologue et musicien ; il fit traduire Plutarque en catalan. Dès le début du même siècle déjà, Jacques II étudie Tite-Live, à peine encore connu en Italie, si ce n'est de Dante.

Jean Ier encore chargea l'un de ses sujets illustres, Jean Fernandez de Hérédia (1310-1390), l'homme de confiance des papes d'Avignon, bibliophile très instruit, de lui trouver des livres, des œuvres classiques.

Au XIVe siècle aussi fut fondée, nous l'avons signalé déjà, l'Université de Lleyda. En outre, en 1350 (date établie par Rubió i Lluch), Pierre III fonda une autre université catalane à Perpignan.

En résumé, la Catalogne peut être considérée comme un pays qui, au Moyen Age, tint une place privilégiée dans la vie européenne. Quand les patriotes catalans évoquent ce temps glorieux et se réclament de la tradition, ils n'ont pas tort ; car, après avoir méprisé fort sottement le Moyen Age, l'époque actuelle a beaucoup à apprendre de cette grande période : et déjà, un certain nombre de préventions ont dû faire place, au courant du XIXe siècle, à une appréciation plus équitable de l'art et de la pensée médiévales. Au point de vue social et politique, on commence à s'apercevoir aussi que la centralisation des états modernes n'est guère bienfaisante et que le travail a beaucoup perdu depuis que l'organisation corporative a dû céder aux doctrines du laisser-faire et de l'individualisme outrancier, remplacées depuis par des théories étatistes et socialistes tout aussi discutables ; quant à la religion et à la philosophie, elles s'organisaient alors en *Sommes* d'une heureuse cohérence et d'une belle unité, donnant une base solide à la réflexion, tout en laissant à l'esprit de chacun beaucoup de liberté ; car, qu'on ne l'oublie pas, la tolérance et la liberté sont accordées largement à tout homme, dans le sein de l'Église catholique, si l'on entend par liberté le noble emploi de la raison, le divin culte de l'idéal dans le travail, et non l'arbitraire, le dévergondage de la pensée, la croyance en des hypothèses éphémères, l'ironie appliquée aux plus hautes valeurs morales.

La Catalogne a donc raison de se réclamer d'un passé glorieux et de renouer son activité présente à ce qu'elle était du temps de la dynastie de Barcelone.

Si cette tradition a été brisée pendant plusieurs. siècles, la faute n'en est point à la nation catalane, qui n'a rien perdu de ses qualités, mais aux hasards de la politique : et ici, nous verrons les combinaisons diplomatiques s'ajouter aux épreuves du malheur pour accabler un peuple, à l'analogie de ce qui s'était présenté pour la Belgique, la Suisse, l'Irlande, la

Pologne ou encore les pays balkaniques jadis soumis aux Turcs.

La question dite des « petites nationalités » se pose aujourd'hui pour la Catalogne comme elle s'est posée pour ces divers pays. En effet, c'est malgré elle et d'une manière imméritée qu'elle a perdu sa liberté.

A la mort de Martin I⁰ʳ, les Catalans avaient espéré que le comte d'Urgell lui succéderait. Il avait des droits. Mais le Parlement de Casp en décida autrement, pour des motifs purement politiques, c'est-à-dire d'intrigue et d'intérêt, et la Catalogne eut à subir la domination des rois étrangers, castillans ou castillanisés ; l'accord entre la politique des souverains et les tendances de la Catalogne ne fut plus qu'accidentel et de courte durée ; la plupart du temps, les nouveaux rois manquaient de considération pour les droits les mieux établis des Catalans. Ces derniers, cependant, en dehors des heures de conflit, montraient de la bonne volonté, venaient en aide aux rois, leur fournissaient des armées.

Il serait donc erroné de croire que, dès 1410, à l'extinction de la dynastie barcelonaise, une décadence immédiate de la Catalogne se serait produite, avec oubli de tout ce qui constituait l'esprit catalan. Au contraire, cet esprit montra une vitalité, une force de résistance déconcertantes. A défendre leurs libertés et à maintenir leur industrie, leur agriculture, leur commerce, les Catalans apportèrent une persévérance admirable.

En dépit de l'interdiction des relations commerciales avec les Indes, que s'étaient réservées les Castillans, ils continuèrent à cultiver le sol, à fabriquer, à exporter leurs produits. Au xvi⁰ siècle, sous Philippe II, ils exportaient de nombreux produits de fabrication, parmi lesquels on cite le papier, les livres, les étoffes, les peaux, les verreries, les travaux d'ébénisterie, les armes de guerre, l'eau-de-vie.

Quant à leurs libertés, leurs usages, leurs lois, leur langue, ils les revendiquèrent âprement contre toute entreprise extérieure, faisant face à ceux, quels qu'ils fussent, qui les menaçaient, et s'attachant au moindre espoir d'autonomie ou seulement d'indépendance relative qui se présentait à eux.

Mais ici, ils avaient affaire à forte partie : tout d'abord il fallait se défendre contre les idées politiques et sociales de la Renaissance. Ces idées, empruntées à l'époque la plus impérialiste de l'antiquité, dans l'art comme dans les lettres, dans celles-ci comme dans le droit, constituaient un recul marqué sur le Moyen Age. Le Moyen Age, avec son sens de la complexité des choses et son admirable esprit d'organisation, respectait les groupements sociaux, corporations d'artisans, communes, seigneurs et vassaux, groupements religieux. Au contraire, à partir de la Renaissance et sous l'influence du césarisme, renouvelé du droit impérial romain, la centralisation commença ses ravages, et le prince s'efforça d'abattre la puissance seigneuriale, d'imposer le silence aux États et de mater tout ce qui s'opposait à l'unité nationale.

Au fond, c'est la Renaissance et la centralisation

qui ont rendu nécessaire la Révolution française, qui n'aurait jamais eu lieu, si le sens d'organisation du Moyen Age avait continué à se développer librement. Mais, avec les temps modernes, l'arbitraire royal a pris le dessus, du moins en France et en Espagne, tendant à asservir toutes les forces économiques, politiques et morales de la nation, clergé, nobles, travailleurs, cités, artistes, penseurs. En Catalogne, pendant tout le Moyen Age, les rois catalans d'Aragon prêtaient serment de respecter les usages et traditions du pays, convoquaient fréquemment les États, restaient en contact avec leur peuple et devaient entendre les plaintes des mécontents et leur faire droit. Avec l'esprit centralisateur de la Renaissance et la domination de dynasties étrangères au pays, les tiraillements commencèrent. Il fallait arracher au monarque le serment d'observer les libertés, et le monarque ne tardait guère à oublier son serment.

Qu'a fait à ce sujet la Révolution, si ce n'est de revenir aux coutumes en usage en Catalogne, quand elle exigea que le roi prêtât serment d'observer la constitution? Retour au Moyen Age. Malheureusement, elle perpétua, d'autre part, un régime de centralisation politique et de codification qui n'a ni la souplesse des vieux *Usatges* de Barcelone, ni l'esprit de liberté, naturel au Moyen Age et perdu depuis, au point qu'il est né, dans les temps modernes, toute une littérature pour revendiquer cette liberté oubliée. Mais, par un paradoxe fréquent dans l'histoire des idées, les écrivains avides de liberté n'ont pas eu assez de malédictions envers les « ténèbres du Moyen Age ». Ils desservent ainsi leur propre cause.

La Catalogne a réagi comme elle a pu contre l'esprit centralisateur et la domination castillane. Mais ces deux forces se sont unies contre elle, principalement à partir de Philippe II, à une époque de splendeur pour Madrid. Et peu à peu, l'âme catalane a été entamée, jusqu'à sembler morte au début de l'époque contemporaine. Néanmoins nous allons montrer avec quelle ardeur admirable elle a résisté, jusqu'à ce que la fatigue et la misère l'eurent rendue impuissante à réagir.

Comme rien en ce monde n'est parfait, les Catalans, en dépit de leurs grandes qualités, furent desservis par un défaut réel : ils manquent de sens polique ; à la moindre lueur d'espérance, ils se laissent entraîner par une confiance trop grande envers des États voisins ou même des princes étrangers, et les voilà chavirant dans une politique inconsistante, qui commença à se faire jour après l'extinction de la maison de Barcelone. Ah ! celle-ci, au milieu des combinaisons les plus contradictoires d'alliances ou de conflits, avait su garder une direction précise, d'accord avec le sentiment national. Après elle, la Catalogne subit des oscillations qui rompent son équilibre. Tantôt elle se laisse attirer par le clinquant de la Cour, les fêtes et toute la fausse dorure royale ; tantôt elle se jette dans les bras de chefs dont elle espère sa libération et qui, une fois leur ambition satisfaite, abandonnent les Catalans aux fureurs de leurs tyrans.

Ils ne manquaient pourtant pas de bonne volonté vis-à-vis de leurs nouveaux rois et des autres royaumes de la Péninsule et se consolaient en cultivant leur bien-être matériel auquel ils sont un peu trop attachés. Mais un beau jour, sentant d'une manière plus aiguë les atteintes faites à leurs chères libertés de jadis, leur ancienne foi, leur vieil idéal national faisaient explosion à nouveau. Ce fut d'abord au xvᵉ siècle, cinquante ans après l'extinction de la dynastie catalane, une guerre de douze ans avec Jean II, roi de Navarre, qui dut finir par reconnaître aux Catalans leurs droits; mais la lutte n'en eut pas moins de tristes conséquences pour eux, puisque, malgré un espoir passager d'indépendance, ils virent périr le prince qu'ils revendiquaient comme chef et demeurèrent les sujets de monarques qu'ils réprouvaient.

Le règne de Ferdinand le Catholique commença mal pour ses états de Catalogne et d'Aragon. En se mariant avec Isabelle, héritière de Castille, le roi d'Aragon dut promettre de résider en Castille et de ne pas quitter sa femme sans le consentement de celle-ci. Aussi, tant que vécut Isabelle, les Castillans eurent toutes les faveurs. Elle morte, Ferdinand, remarié avec Germaine de Foix, changea de politique et les Catalans retrouvèrent leur influence.

Le xvɪᵉ siècle espagnol est presque entièrement occupé par les règnes de Charles-Quint et de Philippe II. On sait que ce fut pour l'Espagne une ère glorieuse, et les Catalans participèrent à la prospérité

du pays. Au surplus, Charles-Quint leur témoignait
un certain attachement ; il respectait leurs libertés et
leur langue ; l'importance de Barcelone comme port
militaire, les sorties et les retours de la flotte, les fré-
quents séjours du monarque dans cette ville furent les
causes de grandes et brillantes fêtes qui s'y célé-
brèrent, donnant aux Catalans une illusion de gloire ;
d'autre part, l'Empereur avait recours à leur science
des choses maritimes dans sa lutte contre les Turcs,
dont la puissance grandissait dans la Méditerranée.
Sous Philippe II, quand, le 7 octobre 1571, la flotte
turque fut détruite à Lépante, les Catalans eurent une
part considérable à la victoire ; ils avaient fourni à cette
expédition un grand nombre de généraux, d'officiers
et de soldats.

Mais la décadence allait commencer, rapide. En effet,
Philippe II avait établi sa résidence à Madrid et le
travail de centralisation se poursuivit dès lors avec
frénésie au profit de la Castille ; non pas un travail
organisateur, mais des vexations continuelles : les
armées castillanes étaient à la charge du pays d'Aragon et de Catalogne, malgré les libertés qui l'exemp-
taient de loger des soldats ; les agents du fisc castillan
pressuraient le pays et, même dans le clergé, l'invasion
castillane était devenue telle que le monastère de Montserrat, ce centre religieux de première importance pour
la Catalogne, était tombé entre les mains de moines
castillans ; lorsque les Catalans venaient se confesser en
leur langue, ces moines leur répondaient qu'ils eussent
à parler « en langage chrétien » (!!). Politique lamen-

table, qui s'accentua sous Philippe III et sous Philippe IV, au courant du xviie siècle, surtout sous l'influence d'un centralisateur à outrance, le duc d'Olivarès, qui voulait castillaniser toute l'Espagne, l'unifier de force sous les lois de la Castille. La Catalogne fut envahie par des soldats non seulement castillans, mais mercenaires, venus de tous les pays. Les « États » ne furent plus convoqués qu'à intervalles éloignés : mesures qui parurent d'autant plus vexatoires aux Catalans, qu'ils fournissaient de nombreux soldats à l'Espagne dans ses guerres contre la France.

Et l'on voit se dessiner ici certains traits qui marqueront pendant longtemps l'attitude politique des Catalans ; il leur suffit d'une légère flatterie de la part des Castillans, de l'ombre d'une promesse, pour que, naïfs et pleins d'espérances vaines, ils leur accordent appui, argent, soldats et suivent aveuglément la politique de Madrid ; les Castillans, dans leur orgueil, acceptent ces sacrifices comme s'ils leur étaient dus, tout en méprisant profondément les Catalans ; convaincus de leur supériorité, ils profitent de la docilité un peu moutonnière des Catalans pour les tondre à merci jusqu'au jour où la chose va trop loin. Alors le Catalan finit par se fâcher et retrouve un peu de sa fierté de jadis et de son sens de la liberté. Mais il ne tarde pas à s'assoupir et le Castillan, dont la soif de domination est tenace, regagne ce qu'il a perdu. Tel est le tableau des rapports de la Catalogne et de la Castille depuis les temps d'Olivarès jusqu'à une date très récente.

Quand, sous Philippe IV, ils virent que les Castillans avaient envahi leur pays, foulé aux pieds leurs libertés et envoyé le paysan coucher sur la dure après avoir dû céder son lit à la soldatesque venue de Madrid, les Catalans entrèrent en fureur et les gens de Barcelone, renforcés par les paysans, assiégèrent le palais du vice-roi qui, d'un rocher sur lequel il s'était évadé, tomba dans la mer où il se noya, et ils expulsèrent ses malencontreux conseillers. C'est la fameuse journée des *Segadors* (c'est-à-dire des moissonneurs), le 7 juin 1640. Les « *Segadors* », tel est le titre de la chanson patriotique que les Catalans chantent encore aujourd'hui pour célébrer ce mouvement typique de révolte et de revendications nationales, et ce chant, qui s'élève comme un hymne religieux à la terre de leurs ancêtres, est devenu le symbole musical de leurs sentiments d'indépendance.

Après quelques années glorieuses pendant lesquelles ils s'unirent à leurs alliés naturels, les Français, que, par un paradoxe continu de la politique européenne, trop souvent en désaccord avec les tendances réelles des peuples, ils devaient longtemps encore combattre, ils tentèrent une nouvelle entente avec la Castille. Philippe IV avait abandonné le duc d'Olivarès et promis de respecter les privilèges des Catalans.

Tout cela ne leur fut guère utile, car le bilan de la Péninsule Ibérique n'était pas brillant, quand ce prince mourut ; la politique de Madrid et la guerre avec la France avaient conduit à une décadence rapide aussi bien la Catalogne que le reste de l'Espagne. Au surplus, le Roussillon était perdu définitivement pour elle.

Nous ne suivrons pas les péripéties bien connues de la dernière période de la guerre du XVIIe siècle entre l'Espagne et la France ; elle se termina par la victoire des armées de Louis XIV et le traité de Rÿswÿck. Les Catalans défendirent avec ténacité leur pays, mais ils n'en retirèrent aucun profit, car les arrangements diplomatiques placèrent sur le trône d'Espagne un Bourbon, petit-fils de Louis XIV, aussi centralisateur que son aïeul et que les rois espagnols qui l'avaient précédé. La Cour de Madrid et celle de Paris adoptaient le même système.

Mais les désastres n'avaient pas encore atteint leur terme. Les Catalans refusèrent de reconnaître Philippe V et se déclarèrent pour l'archiduc Charles d'Autriche, soutenu par la Hollande et l'Angleterre, qui désiraient faire contrepoids à l'influence trop prépondérante de la France. Les Catalans mirent leur espoir en ce prince étranger et se fièrent aux marques extérieures d'estime qu'il semblait leur témoigner. Au lieu de se méfier et de combattre pour eux-mêmes, pour l'autonomie de leur pays, ils commirent la faute de se jeter à corps perdu dans les bras de l'Autrichien, et d'oublier qu'une parole de roi n'est guère sûre et que la politique est pleine d'imprévus et de traquenards. Après des alternatives de succès et de revers, de ravages et de batailles qui dévastèrent la malheureuse Catalogne, Charles, ayant été proclamé empereur d'Autriche, fut abandonné par l'Angleterre et la

Hollande : sa puissance leur eût porté ombrage s'il était devenu roi d'Espagne et eût rétabli le vaste empire de Charles-Quint. Abandonné de ses alliés, il renonça à ses prétentions sur l'Espagne. En dépit de leurs supplications, les Catalans, ses plus ardents partisans, qui s'étaient sacrifiés pour lui corps et biens, furent livrés à la vengeance castillane, et Barcelone, pour la cinquième fois en moins de deux siècles, subit un siège terrible, dont l'horreur épouvanta toute l'Europe. Défense tenace, héroïque, admirable ! La ville tomba le 13 septembre 1714, épuisée, écrasant ses propres libertés dans sa chute. Tous ses anciens droits lui furent arrachés, et la centralisation madrilène continua son œuvre, plus accentuée que jamais. L'abaissement de la Catalogne fut, dès lors, extrême. Les causes de cet abaissement, si nous les récapitulons, sont donc : la décadence du commerce, la misère, résultat des guerres continuelles qui avaient ravagé le pays ; la fatigue ; la mort du courage civique ; le travail tenace de près de trois siècles d'influence castillane, dont le dernier fut un siècle d'asservissement total, avec suppression des lois de la patrie.

Aussi ne devons-nous point nous étonner de l'attitude de la Catalogne sous la Révolution française, puis sous Napoléon. A deux reprises, et la première fois par sentiment d'humanité et sans aucune arrière-pensée d'intérêt, la France lui offrit sa liberté, son relèvement, et par deux fois la Catalogne, oublieuse de son passé, et servile envers ses nouveaux maîtres, prit les armes contre son libérateur. L'ignorance du peuple catalan était telle qu'il croyait voir en la France l'ennemi de sa religion, et il se rangea du côté de la Castille, inféodée au passé et restée de deux siècles en arrière du reste de l'Europe. Naturellement, elle ne lui en sut aucun gré. L'avilissement était profond. L'ancienne gloire du pays catalan semblait éteinte ; la langue catalane était réduite à l'état de patois ; enseignement, actes publics, presse, livres, tout était castillanisé. On aurait cru la personnalité de la Catalogne anéantie à jamais.

C'est au milieu de l'époque romantique, à l'éveil des souvenirs du Moyen Age, de sa foi vivante, de ses monuments, de ses légendes débordantes de passion et de beauté, que le souvenir du passé reparut, faible et tremblant d'abord, dans la conscience catalane. Dans les années 1830 et suivantes, timidement, quelques lettrés, isolés, osèrent évoquer la patrie d'autrefois et faire entendre la langue du pays. L'appel fut écouté, les tombeaux s'ouvrirent, et peu à peu les voix de jadis, chaque jour plus fortes, éveillèrent l'âme nationale. Cinquante ans plus tard, les revendications politiques se formulèrent ; on s'organisa ; en même temps, la Catalogne s'était remise au travail ; de pauvre, le pays devenait prospère ; on s'apercevait que l'Espagne en était encore au xvie siècle pour bien des choses, alors que les autres pays d'Europe s'étaient transformés profondément, s'adaptant à des conditions d'existence nouvelles ; le Catalan voulut à son tour être « européen » ; il regarda vers le Nord, au delà des Pyrénées.

C'est ainsi que se reconstitua une volonté catalane, une conscience catalane : processus que nous étudierons dans le II⁰ chapitre de ce livre. Auparavant, pour procéder avec ordre, nous avons à examiner le pays même, le sol et ses aspects, ses richesses, sa production, en un mot le milieu physique et le milieu économique. Nous devons nous demander, à ce double point de vue, ce qui caractérise la Catalogne, ce qui lui donne une couleur originale, une valeur propre.

II. — Aspect géographique.

La Catalogne actuelle forme le coin N.-E. de la Péninsule Ibérique, avec ses quatre provinces, Barcelone, Gérone, Lleyda, Tarragone. La carte du pays a l'aspect d'un triangle rectangle : l'hypoténuse, c'est la rive de la Méditerranée, du cap Cerbère à Alcanar ; des deux autres côtés, l'un au nord, suit les Pyrénées, du même cap au val d'Aran ; l'autre, à l'ouest, sépare la Catalogne de l'Aragon. Au sud, le petit fleuve Cénia sert de limite entre elle et l'ancien royaume de Valence.

La division politique ne coïncide pas avec les caractères linguistique et ethnique. On parle encore le catalan dans l'Est aragonais, dans le pays de Valence, aux îles Baléares, dans le Roussillon, dans le territoire d'Alguer en Sardaigne, sans compter les nombreux Catalans établis dans les pays latins d'Amérique et qui conservent leurs caractères et leur langue.

La Catalogne, dans toute son étendue, est une contrée essentiellement montagneuse. Les quelques plaines qu'on y rencontre, la plaine d'Urgell, à l'est de Lleyda, celle du Llobregat, à côté de Barcelone, celle de Tarragone, celle de l'Empordan, entre Gérone et Figueras, sont encadrées de montagnes et souvent entrecoupées de collines; elles ne peuvent être comparées aux plaines immenses et unies de la Beauce, par exemple, ni à celles du Bas-Escaut. Elles n'altèrent donc pas le caractère montagneux de la Catalogne. La mer et la montagne résument les aspects essentiels du pays, et, sur presque toute l'étendue de la côte, l'une et l'autre se touchent [1].

1. Sur la géographie de la Catalogne, on lira avec intérêt un exposé très clair de P. BLASI, *Geografia elemental de Catalunya*, 1922 : ce livre, à la fois atlas et manuel, renseigne sur la nature du pays et sur ses divisions naturelles et administratives. On consultera aussi le premier volume de l'importante *Histoire de Catalogne* due à ROVIRA I VIRGILI, une œuvre de grand style, très complète, avec de nombreuses illustrations (en cours de publication). La *Géographie Générale de Catalogne*, plus ancienne, publiée en plusieurs volumes sous la direction de FR. CARRERAS I CANDI, est une encyclopédie rédigée par plusieurs spécialistes et comprenant géologie, histoire du sol, histoire politique, description de chaque localité ; elle est indispensable à qui se livre à une étude approfondie. Enfin, dans ces dernières années, le professeur P. VILA (de l'Ecole normale supérieure et de l'Ecole du Travail) a entrepris des recherches sur la géographie humaine, science nouvelle bien connue en France grâce aux maîtres illustres qui l'ont fondée, Vidal de la Blache, Brunhes, Blanchard (qui a fait récemment un cours à Barcelone). Les travaux de P. VILA nous apprendront beaucoup sur les rapports des cultures et de l'habitation avec les terrains et les aspects du pays.

Nous devons personnellement des remerciements à M. VILA

La constitution géologique du pays s'est faite à travers une série de mouvements très importants et sa configuration s'est fréquemment modifiée. Par suite des contractions du sol l'horizontalité primitive des terrains sédimentaires a été rompue et ceux-ci apparaissent dans toutes les positions. De hautes plaines et des montagnes, en s'abaissant, ont laissé à découvert des terrains de date antérieure, cachés jusque-là. C'est ainsi que le Montserrat et Sant-Llorenç del Munt sont formés de dépôts lacustres et fluviaux.

Chaque ère géologique transforma le sol de la Catalogne. Celle-ci se composait d'abord d'îlots ; plus tard d'autres terrains les réunirent et formèrent une côte pyrénéenne et peut-être une autre côte catalano-majorquine. Avec l'ère secondaire surgirent de nouveaux terrains entre les Pyrénées et la Méditerranée ; il se forma une mer intérieure (la vallée de l'Èbre) et de nombreux lacs d'eau de mer. Puis vint le recul de la mer intérieure, l'écoulement des eaux, la formation de golfes et de baies plus considérables que ce qui en reste aujourd'hui.

Les montagnes catalanes forment deux groupes : la chaîne pyrénéenne et la chaîne du littoral. La partie orientale ou catalane de la chaîne des Pyrénées a une longueur de 420 km. Du côté catalan les pics les plus élevés sont le Puigmal (2909 m.), le pic de Maranges (2914), la Punta alta (3005), le pic d'Estats ou de

pour les notes qu'il a bien voulu nous communiquer au sujet de la géologie et de la conformation du pays, et qui nous ont beaucoup aidé dans la mise en ordre de nos documents.

Sotllo (3141) et Comolo Forno (3032). Les contreforts des Pyrénées se prolongent beaucoup plus avant dans l'intérieur de la Catalogne que sur le versant français. Ce dernier est plus abrupt. Il en résulte que la Catalogne présente dans toute son étendue, au point de vue orographique, une réelle complication. D'abord les Pyrénées catalanes ne répondent pas à une structure unique : leur direction générale est coupée par la chaîne du Cadi, orientée du S.-O. au N.-E. et provenant d'un soulèvement datant de l'époque miocénienne. Or, c'est surtout de ce mouvement que dépendent la plupart des montagnes catalanes et à leur tour elles se décomposent en nombreuses chaînes d'un dessin des plus capricieux. La Catalogne, au point de vue orographique, appartient presque tout entière, on le voit, à un autre système que le système ibérique.

Il est difficile de donner de ces montagnes une description simple. La manière la plus commode de s'en faire une idée est de partir de la côte méditerranéenne. On observe une première suite de hauteurs, interrompue seulement au passage des fleuves. L'altitude de ces montagnes varie entre 300 et 950 m. Un exemple : le mont Tibidabo, qui domine Barcelone, à 6 km. de la mer, atteint 532 m. de hauteur.

En pénétrant à l'intérieur des terres, on rencontre une deuxième chaîne, qui part de la rive droite de l'Èbre : à cette chaîne se rattache le Montserrat (1238 m.), un des massifs les plus curieux de la Catalogne. Exemple frappant des effets du soulèvement du Cadi, la moitié supérieure de la montagne est formée de couches d'argile et de poudings, projetés de bas en haut, et ces rochers droits, travaillés depuis par les agents atmosphériques, donnent à la montagne une forme fortement découpée, une silhouette étrange qui de loin rappelle les dolomites. A la même chaîne appartient Sant-Llorenç del Munt (1094 m.), dont les aspects se rapprochent de ceux du Montserrat. En continuant vers le N.-E. on aboutit au Montseny (1741 m.). Mais ici, changement complet ; les formations granitiques apparentent cette montagne au système de la côte ; de plus, avec ses forêts, ses prairies, ses torrents, elle diffère fortement des deux précédentes. Enfin, elle offre un intérêt majeur pour la faune et la flore, car elle présente, « sur un court « espace et avec une netteté presque didactique, les « diverses zones de végétation possibles en Catalogne, « depuis la flore des pays chauds jusqu'à la zone « subalpine [1] ».

Si, quittant cette deuxième chaîne parallèle à la côte, on remonte vers les Pyrénées par l'intérieur des terres, on trouve une architecture orographique de plus en plus complexe. En résumé, on parvient à distinguer trois lignes de montagnes parallèles à la côte ; nous avons essayé d'en retracer deux ; en outre, des chaînes accessoires de directions variées ; puis la chaîne du Cadi ; enfin la ligne des Pyrénées dans sa direction générale E.-O.

L. Marian Vidal a établi que la presque totalité des

1. *Crònica oficial de la Mancomunitat de Catalunya*, III, 4, p. 129.

montagnes catalanes relève non pas de la Cordillère ibérique, mais du mouvement pyrénéen, spécialement du soulèvement de la chaîne du Cadi ; que ce soulèvement appartient à un mouvement qui s'est étendu du nord de l'Afrique au Massif Central de la France ; que, dans toutes les montagnes issues de cette origine, on rencontre le pouding qu'on trouve autour des Pyrénées et qui est un conglomérat résultant de l'effritement de roches variées, dû à la violence des courants des eaux pendant l'ère tertiaire ; que la chaîne du Cadi est postérieure aux Pyrénées ; et qu'enfin le pouding du Montsech (Lleyda), du Montsant (Tarragone), du Montserrat et de Sant-Llorenç del Munt (Barcelone) atteste que ces diverses montagnes appartiennent au même système que la chaîne du Cadi.

En résumé, comme l'écrit Font i Sagué, « la grande « formation oligocène qui traverse la Catalogne du « N.-E. au S.-O. est formée par de puissantes couches « de conglomérats dans ses côtés et par des calcaires « sableux et des marnes au centre ; ces sédiments, « qui remplirent les fonds du lac oligocénique et se « déposèrent horizontalement, furent bouleversés et « redressés plus tard, au début du miocène, quand « la Catalogne acquit approximativement sa forme « actuelle [1] ».

La Cordillère ibérique a eu peu d'influence sur la formation du sol catalan. Cette influence est limitée au sud de la province de Tarragone.

Quant à la côte, L. Marian Vidal nous apprend

1. *Géographie générale de Catalogne*, T. 1, p. 115.

qu'elle est plus ancienne, comme l'atteste la présence
du granit, et qu'elle représente l'un des derniers ves-
tiges d'un massif continental, unissant l'Espagne à
l'Afrique et qui s'est effondré dans les profondeurs de
la Méditerranée. Les îles Baléares appartiendraient à
ce même massif.

Après les montagnes, quelques mots des cours
d'eau. A part les territoires restreints du val d'Aran,
où prend sa source la Garonne, et du val d'Andorre,
qui se rattache au bassin de l'Ariège, les cours d'eau
de la Catalogne se déversent tous dans la Méditerranée.

Un pays aussi montagneux et, presque partout, avec
la montagne descendant jusqu'au voisinage immédiat
de la mer, offre deux genres de fleuves : les petits
cours d'eau, qui déversent dans la mer l'eau des montagnes les plus proches, et les fleuves qui viennent
des massifs intérieurs, avec un cours d'une certaine
longueur.

Nous énumérerons ces derniers : c'est d'abord l'Èbre,
le plus grand fleuve de la Péninsule Ibérique. Il
achève son cours au sud de la Catalogne. On trouve
ses affluents dans les quatre provinces catalanes. Le
principal d'entre eux est le Sègre, qui descend des
Pyrénées et traverse du nord au sud la province de
Lleyda dans toute son étendue.

Après ces deux cours d'eau, le plus important est le
Llobregat, qui prend son origine dans les Pyrénées,
à l'est de la chaîne du Cadi et irrigue la province de

Barcelone, qu'il parcourt aussi du nord au sud. Il se jette dans la Méditerranée à proximité de Barcelone, tandis que de l'autre côté de la ville descend le fleuve Besos, dont le cours est beaucoup moins long et le débit d'eau plus faible.

La province de Gérone a aussi un fleuve important, le Ter, dont la direction, d'abord N.-S. puis O.-E., est plus variable. Cette dernière orientation est aussi celle du Fluvià, qui passe à Olot et traverse les plaines de l'Empordan.

Les fleuves catalans sont largement utilisés pour l'industrie comme pour l'agriculture. Et d'abord une particularité : l'encaissement de leur lit et la rapidité de leur cours. Il en résulte qu'utilisés comme force motrice pour la production de l'*énergie électrique* dès leur origine, les fortes différences de niveau permettent dans la suite de les dériver et de les utiliser pour quantité d'industries. Toutes les sources d'énergie électrique sont loin d'être employées ; cette industrie, déjà très prospère en Catalogne, s'étendra infiniment plus encore. Il y a là, pour l'avenir du pays, d'innombrables ressources.

Au point de vue industriel en général, le fleuve le plus largement utilisé est le Llobregat, dans la province de Barcelone. A 200 m. de sa source, il sert déjà aux fabriques de ciment Asland, et tout le long de son cours les industries abondent ; après avoir actionné un nombre considérable d'usines, il féconde, avant d'atteindre la mer, la plaine située au S.-O. de Barcelone, plaine très riche en arbres fruitiers et en légumes.

Dans la province de Gérone, le Ter présente deux régions industrielles, avec des fabriques de tissus et des filatures. Dans la même province, d'Olot à Castellfullit, le Fluvià traverse des roches basaltiques, avec une pente de 200 m. sur 8 kilom. (soit 2,5 pour 100) et forme de nombreuses cascades ; le fleuve est utilisé pour fabriques, moulins, petites usines électriques, irrigation.

Le Sègre, affluent de l'Èbre, a une importance très grande pour l'agriculture ; plusieurs de ses affluents sont utilisés pour l'énergie électrique.

Partout, le long des cours d'eau, les agriculteurs catalans cherchent à tirer parti de ceux-ci, en créant des canaux d'arrosage pour leurs cultures et en dérivant les eaux en un lacis de ruisselets. Dans les régions montagneuses, ils ont une manière particulière de disposer leurs cultures : par gradins ou étages.

Enfin, plusieurs des cours d'eau mentionnés ouvrent des voies de communication ; grâce à eux on a pu créer des routes comme celle qui suit le Ter de Manlleu à Ripoll, puis, de Ripoll à Ribas, son affluent le Fresser. C'est une des grandes voies de communication entre la France et la Catalogne ; la valeur stratégique de ces chemins est connue.

Pour terminer cette esquisse, un mot du rivage de la Méditerranée. La côte catalane se présente sous des aspects différents si l'on va du N. au S. C'est d'abord, dans la province de Gérone, la *costa brava*, qui est de toute beauté, avec ses rochers souvent boisés qui dominent les eaux en pente abrupte, et avec les anfractuosités et les grottes creusées dans la pierre par le travail des vagues.

En passant dans la province de Barcelone, spécialement depuis Blanès jusqu'à la capitale, ce qui domine c'est la plage, parfois entrecoupée de petits caps rocheux ; la ligne du chemin de fer du littoral suit sans obstacle le rivage et dessert une série de localités, Canet, Mataro, Arenys, Masnou, Mongat, Badalone, pleines d'activité et où ne manquent, en outre, ni les villas ni le quartier des pêcheurs. A Badalone, la flottille de pêche est très importante ; les barques, à leur rentrée, sont tirées sur le rivage, comme au temps d'Homère ; on voit les marchands étaler aussitôt les poissons sur de larges paniers d'osier, les recouvrir de feuilles et se hâter vers l'intérieur, en tenant ces pavois en équilibre sur leur tête. Barcelone s'approvisionne en partie à Badalone, qui n'en est éloignée que de huit kilom., avec des moyens de communication aisés.

Au delà de Barcelone, vers le S., la côte change une nouvelle fois de caractère, à cause des plaines : la plaine du Llobregat, la plaine de Tarragone, l'embouchure de l'Èbre. Alternant avec elles, les montagnes descendent jusqu'à la mer, laissant des espaces variables, tantôt plus larges, tantôt resserrés, plages entourées de hauteurs, comme celle de Sitges, la ville blanche aux façades éblouissantes sous le soleil, avec son grand rocher qui surplombe la mer et qui porte l'église, le palais somptueux d'un riche Américain et la maison du peintre Rusinyol, un vrai musée, accessible au public; en redescendant, on arrive à une digue plantée de palmiers, puis à des bosquets de pins.

A Barcelone, la plage est très réduite à cause du port, du môle qui sépare le chenal de la mer et des nombreux dépôts et magasins. Au surplus, elle est sordide. Il ne faut pas oublier que les plages de la Méditerranée diffèrent de celles de l'Océan, de la Manche et de la mer du Nord. Ces dernières s'étendent au loin à marée basse, laissant à découvert de beaux espaces de sable propre et lavé. Rien de semblable pour la Méditerranée, dont les marées sont nulles. Par les mois chauds, les baigneurs grouillent dans un coin restreint, sur un sable devenu noir. Au lieu d'une déclivité douce, ils trouvent, dès leurs premiers pas dans la mer, des trous peu rassurants. Près des villes, l'eau est sale. La Méditerranée n'est vraiment belle qu'en pleine mer, ou bien vue de rochers abrupts qui la surplombent et que les vagues heurtent en se brisant.

Pour l'étude de l'*histoire du sol*, de la *flore* et de la *faune*, la Catalogne est un pays privilégié. Toutes les époques y sont représentées, depuis d'antiques formations de gneiss jusqu'aux argiles rouges de l'époque quaternaire. Les sources d'eau minérale abondent et la diversité des terrains explique la variété de leur composition.

Beaucoup de carrières de pierre. De là, fréquence de l'emploi de la pierre dans la construction : grès siliceux de Montjuich (Barcelone), calcaires nummulitiques de Gérone, calcaires lacustres de Banyoles, légers et spongieux, de Vinaixa et de Floresta (Lleyda), plus compacts, maïs fins, faciles à travailler et aptes à l'ornementation. Ces calcaires sont des formations tertiaires oligocènes. Le crétacé inférieur fournit les marbres dit de Tortosa (Tarragone) [1].

L'on se sert des argiles rouges quaternaires pour les briques. Le bâtiment utilise aussi le gypse, que l'on extrait en beaucoup d'endroits, et la chaux des calcaires. En général, la pierre et la brique sont beaucoup plus employées ici dans les maisons qu'elles ne le sont dans les pays du Nord.

Enfin, les argiles contenant de la chaux et les marnes sont utilisés pour la fabrication du ciment. Et comme il s'en trouve de différentes époques géologiques et par conséquent en de nombreuses stations, la fabrication du ciment a pris beaucoup d'extension en Catalogne. La Catalogne a un excès de ciment; elle l'exporte dans les autres parties de la Péninsule Ibérique, bien qu'en cette matière celles-ci se suffisent [2].

Par contre, pour les charbons, la Catalogne ne fournit pas d'anthracite et assez peu de houille (province de Gérone), mais une quantité relativement grande de lignite (province de Barcelone). La pro-

1. L. Marian Vidal, dans *Géographie de Catalogne*, I, 236.

2. Développée surtout depuis 1910, cette industrie s'est étendue considérablement : trois grandes fabriques Asland produisant par an 150 000 tonnes, une fabrique Fradera avec 50 000 tonnes et plusieurs autres : au total, 250 000 tonnes pour la seule Catalogne.

duction charbonnière la plus considérable d'Espagne est due aux Asturies, qui livrent à elles seules le double environ de toutes les autres provinces réunies.

Un phénomène des plus curieux à signaler, c'est la disproportion entre le grand nombre de minerais que l'on rencontre en Catalogne et le peu qu'il a été possible d'en exploiter jusqu'à présent, soit que les moyens de communication fissent défaut, comme pour le fer des Pyrénées, soit que l'extraction présentât de grandes difficultés ; le travail qu'on y aurait consacré n'eût pas été rémunérateur.

Il est probable que cet état de choses se modifiera. On peut citer dès à présent les mines de sel de Cardona, très importantes, ainsi que des gisements considérables de sels de potasse comme ceux de Suria.

Non seulement la diversité des minéraux mérite d'être signalée, mais aussi la richesse particulière de la faune et de la flore, due aux différences de climat résultant des différences d'altitude. Ainsi, selon J. Bofill i Pichot, le nombre d'espèces de papillons que l'on trouve en Catalogne s'élève à 3000[1], et quant aux Coléoptères, outre les insectes propres au pays, on va des espèces des terrains maritimes jusqu'à celles des hautes montagnes.

Martorell et Cuni ont publié ensemble un catalogue des Coléoptères de Catalogne ; à P. Antiga et à J. Bofill i Pichot l'on doit d'importants travaux sur les Lépidoptères et les Hyménoptères. Grâce aux tra-

1. D'après les travaux de Cuni et de Martorell, la Catalogne est un des pays d'Europe les plus riches en lépidoptères.

vaux de ce dernier, de 200 espèces cataloguées d'Hyménoptères que l'on connaissait en 1890 pour la Catalogne, on a passé à 3000, parmi lesquelles 120 sont nouvelles pour la science. M. Codina, du Musée Martorell (Barcelone), particulièrement expert en ces questions, donne volontiers aux collectionneurs tous les renseignements utiles. On trouvera dans la collection des *Archives* (*Arxius*) de l'Institut d'Études Catalanes d'importantes études sur la faune.

Parmi les botanistes qui ont étudié la flore de Catalogne, il est juste de mettre en relief le nom du regretté J. Cadevall (mort en 1921). Il a réuni un herbier de Catalogne d'une valeur inestimable, — 189 volumes déposés au Musée des Sciences de Barcelone, — et rédigé une *Flore* détaillée du pays, éditée par les soins de l'Institut d'Études Catalanes. Il existe aussi des collections locales, comme l'important herbier du Montserrat, dû au R. P. Adeodat Marcet, O. S. B. On y voit de grandes espèces de violettes, très rares, de belles Composées, l'*Orchis Marceti* et d'autres exemplaires des plus curieux.

Suivant une statistique donnée par Cadevall il y a douze ans, les familles botaniques le mieux représentées en Catalogne sont les Composées (371 espèces), les Légumineuses (260), les Graminées (231), les Crucifères (160), les Labiées (123), les Ombellifères (113), les Scrofulariées (107).

La contrée est riche en arbres : tels se voient dans les hautes montagnes, comme le sapin, l'orme, le hêtre, le sorbier ; d'autres ne vivent qu'en vue de la mer, comme le caroubier, ou dans les zones basses et moyennes, comme l'olivier, le figuier, le peuplier, le chêne-yeuse, le chêne-liège, le laurier ; il en est dont l'habitat est plus étendu, le saule, le chêne-rouvre, le tilleul et de nombreuses espèces de pins. Nous allons parler en détail de la vigne.

§ 2.

AGRICULTURE ET INDUSTRIE

I. — Production agricole.

La description géographique d'un pays essentiellement montagneux, comme la Catalogne, suffit à faire comprendre les difficultés que doivent vaincre les cultivateurs. Le paysan catalan a été obligé de dépasser les moyens de routine et de s'instruire des progrès réalisés ailleurs. Il fut le premier en Espagne à comprendre la nécessité de faire reposer la terre et de la fumer. Il augmenta le bétail pour avoir plus de fumier, il acheta des produits chimiques, il acquit des machines agricoles. J. Maspons a pu écrire :

« Avec de l'eau, de l'engrais, des machines, avec
« l'amélioration du bétail, avec un certain soin dans le
« choix des semences, avec beaucoup d'efforts pour
« se pourvoir de voies de communication, le paysan
« catalan est parvenu à se doter d'éléments matériels
« pour arriver sinon à un degré de prospérité idéal, du
« moins à un certain état de bien-être et de progrès,

« en résistant aux calamités qui l'accablent chaque
« jour [1]. »

L'association a secondé puissamment l'effort indivi-
duel. Parmi les corporations agricoles les plus connues figure d'abord l'*Institut agricole catalan de
Saint-Isidre*, constitué le 22 mai 1851. Il existe encore,
et a rendu de grands services : publication d'une revue
et d'un calendrier en langue catalane, avec des renseignements utiles aux paysans ; fondation d'un laboratoire de chimie agricole, d'un musée, d'une bibliothèque ; institution de concours et de prix, conférences,
travaux d'amélioration pour la culture et l'élevage.
Actuellement, son influence est moindre, depuis qu'a
été fondée la *Fédération agricole catalano-baléare* et
que les services techniques, surtout le laboratoire,
sous la direction de J. Raventós, ont été rattachés à la
Mancomunitat de Catalogne (dont il sera question au
prochain chapitre) et concentrés à l'*Université industrielle*. Quant à la Fédération catalano-baléare, datant
de 1899, elle englobe un grand nombre de sociétés
diverses ou syndicats, ce dernier terme désignant ici
des corporations d'agriculteurs.

Ce ne sont pas les seules associations. *L'Union des
viticulteurs*, a, elle aussi, une grande importance. Il ne
faut pas omettre non plus les *Amis de l'Arbre* qui
cherchent à intéresser le public à la conservation des
arbres, ni la *Ligue de l'Arbre fruitier de Moyà*, due à
l'initiative et à la ferveur d'un ténor catalan bien

1. *Géogr. de Catal.*, ouvr. cité, I, 467-542 (étude sur l'agriculture).

connu, Fr. Vinyas. Ému de la pénurie d'arbres fruitiers dans son pays et des ravages exercés par une population encore grossière, il sut intéresser aux arbres
fruitiers des personnalités importantes, organiser des
concours et des fêtes auxquelles participèrent des
poètes et des musiciens, et enseigner aux enfants le
respect des arbres.

Par contre, malgré les efforts des gens éclairés, ni
l'élève des vers à soie, ni l'apiculture n'ont fait de progrès en Catalogne. Il en est de même de l'élevage du
pigeon-voyageur. La société colombophile de Barcelone a dévié et s'est transformée en un cercle de réunion
et de jeu.

A plusieurs reprises et d'accord avec les autorités, la
Société protectrice des animaux est intervenue pour
la protection des oiseaux chanteurs qui vivent dans le
pays. L'administration municipale en a défendu l'entrée
et la vente à Barcelone.

Les résultats obtenus par le travail des agriculteurs
catalans sont remarquables. Nous essaierons d'en
donner un aperçu rapide, selon des données précises
et récentes qui nous ont été en majeure partie fournies
par M. Rossell i Vilà, l'éminent professeur à l'École d'a-
griculture établie par la Mancomunitat de Catalogne.

Voici d'abord une statistique générale, exprimant en
pourcentage l'importance de l'agriculture catalane.

	Pour la Catalogne	Pour le reste de l'Espagne.
Superficie cultivée	43,6	40
Bois et pâturages	45,4	10
Terrains incultes et improductifs	11 »	50

Ajoutons que, tandis que la superficie des quatre provinces catalanes ne forme que la seizième partie du territoire de l'Espagne, leur population monte au moins au dixième de la population totale de la Péninsule.

Commençons par la production du vin. En 1920, les vignobles de Catalogne représentaient environ 25 p. 100 de la totalité de la superficie plantée de vignobles dans la Péninsule et les îles. Des 1 331 868 hectares de vignobles d'Espagne, il en revient à la seule Catalogne 241 141. Envisageons la production : la différence au profit de la Catalogne est encore plus marquée : sur les 26 771 065 hectolitres de la production espagnole de 1920, la Catalogne entre en compte pour 10 190 895 hectolitres, soit 38 p. 100. Sans doute le sol est favorable à la vigne, mais au cours des années il a fallu combattre successivement l'oïdium (un cryptogame destructeur de la vigne), puis le phylloxéra. Le vin de Catalogne est excellent; il y a non seulement des vins doux, comme le Malvoisie de Sitges, mais des vins de table, remarquables par leur qualité et de prix abordables.

La culture de l'olivier et la production de l'huile d'olive constituent une source de richesse pour l'Empordan, la plaine de Tarragone, celle d'Urgell et la vallée de l'Èbre. La superficie cultivée s'accroît sensiblement chaque année et la qualité d'huile des oliviers de Catalogne est d'une grande finesse. Les commerçants français et italiens en achètent une quantité considérable et s'en servent pour préparer l'huile qu'ils destinent à l'exportation. A considérer les années 1914 à 1921, la production catalane s'est élevée, avec des fluctuations, de 356804 à 476586 quintaux métriques.

Après l'olivier, il faut citer le caroubier, cantonné dans les régions côtières. Son fruit sert de nourriture aux chevaux ; il s'exporte un peu partout à cet effet. Mais il a d'autres usages encore : on l'emploie pour la fabrication du chocolat, dont il rappelle le goût, ou encore pour la falsification du café, pour la fabrication de l'alcool, enfin pour la préparation des étoffes. Le caroubier constitue donc une grande source de richesse. Les statistiques signalent son importance dans la province de Tarragone, une des premières de l'Espagne pour cette culture.

La même province tient aussi un rang important pour la production d'amandes et de noisettes, tandis que la plupart des arbres fruitiers (pommiers, poiriers, pruniers, cerisiers, pêchers) prospèrent surtout dans la plaine du Llobregat et que d'autres, le figuier, l'abricotier, le cognassier, se trouvent dans de nombreuses régions. Il en est qui, comme le néflier, le citronnier et l'oranger, sont cantonnés dans les zones chaudes.

Les noisettes de Catalogne sont achetées en grandes quantités par la France, l'Angleterre et les États-Unis : 6 millions de kilos exportés en 1913, 14 millions en 1919. Production annuelle en Catalogne : 300000 quintaux. Celle des amandes, propre à la province de Tarragone, atteint 220000 quintaux, le cinquième environ de la production totale de l'Espagne.

On connaît le rôle de la Catalogne dans l'industrie des bouchons, fabriqués de l'écorce de chêne-liège.

Le même pays a sa part dans la grande production de pommes de terre qui se fait dans toute l'Espagne.

La betterave sucrière et la fabrication du sucre de betterave semblent s'améliorer, sans prendre une grande extension. Les plantes industrielles ont peu réussi. Les céréales sont en recul au profit de la plante fourragère, luzerne, trèfle, consoude ; la superficie consacrée à ces plantes s'accroît journellement. Ce fait se comprend quand on envisage le développement considérable de l'élevage des animaux de trait ainsi que du bétail.

La Catalogne, en effet, produit beaucoup de chevaux ; c'est une race de chevaux pouvant aller partout et servant surtout à la petite industrie : chevaux de force moyenne, se rapprochant du cheval ardennais.

Le commerce du mulet y est aussi très important. Quant aux ânes, ceux de Vich, plus grands et plus allongés, et ceux d'Urgell, plus trapus, sont aussi l'objet d'un commerce étendu.

La race bovine est largement représentée en Catalogne. Le lait et le fromage ont un grand débit ; par contre la préparation du beurre n'a pris aucune importance ; ce dernier fait s'explique en partie par l'usage courant de l'huile dans la cuisine. Il est curieux, en passant, de constater la présence de nombreuses étables en pleine ville, à Barcelone : 700 établissements, comptant de 9 à 10 000 vaches qui vivent là, sans aller au pâturage, et attestent la grande consommation de lait faite par la population de cette importante agglomération urbaine. Néanmoins, le prix du lait y est actuellement très élevé — comme tous les prix — en comparaison des années d'avant-guerre. Il atteint 80 centimes le litre (il s'agit de centimes de pesetas, ce qui le majore sensiblement suivant le change des années 1919 à 1925).

Le lait de chèvre trouve aussi beaucoup d'amateurs. Le matin, on rencontre dans les rues de grands troupeaux de chèvres noires : ce sont les chèvres de Malte. Leur nombre semble avoir diminué un peu dans les dernières années, à cause de la campagne des médecins contre l'usage de leur lait qu'ils accusent de donner des fièvres, si l'on ne prend soin de le bouillir d'abord ; ils lui reprochent, en outre, d'être inférieur comme nourriture, au lait de vache.

Les moutons sont relativement moins nombreux. L'élevage du porc, pratiqué depuis le début du xix⁰ siècle, a gardé son importance et semble s'accroître encore dans les dernières années [1].

---

1. Quelques chiffres pour 1922 :

ESPÈCES	NOMBRE DE TÊTES	VALEUR MOY. PAR TÊTE (en *pesetas*)
Esp. chevaline	133 905	1 000
— asine	157 833	250
Anes-étalons	1 200	2 000
Hybrides	160 584	1 000
Bœufs	360 943	600
Moutons et chèvres	2 673 047	40
Porcs	636 864	125

En ajoutant les lapins et la volaille, on atteint une valeur totale d'environ 877 millions de pesetas.

II. — Industrie.

La Catalogne présente une activité industrielle d'une grande diversité, en dépit des graves difficultés qu'elle rencontre, telles que le manque, dans le sous-sol, de substances essentielles, fer et charbon, et une situation géographique peu favorable aux échanges. Elle y supplée d'abord par le travail : l'esprit énergique de ses habitants a su mettre en action une forte industrie textile, malgré l'absence de matières premières, une industrie de construction mécanique, en dépit de l'absence de métaux, et une industrie chimique très prospère. Ensuite les désavantages physiques ont été compensés par l'emploi de puissantes sources d'énergie électrique et par la découverte — déjà mentionnée — d'importants gisements de sel de potasse. Il semble nécessaire à la vitalité de l'industrie catalane de pouvoir étendre ses marchés : le marché espagnol, trop restreint, ne lui suffit pas. D'autre part, il faut que l'esprit d'entreprise s'enhardisse ; les Catalans sont prudents et donnent leur préférence à des valeurs de rente fixe ; or, depuis la guerre, ils ont trouvé chez les Basques des rivaux audacieux, poussant vigoureusement de l'avant leurs exploitations de banque, d'électricité, de navigation et de chemins de fer [1].

Actuellement, la Catalogne possède environ le quart

1. J. Estragués dans la *Publicitat* du 10 avril 1923.

des fabriques de toute l'Espagne. Passons en revue
ses industries les plus florissantes. Pour le coton, la
Catalogne possède la presque totalité des fuseaux
d'Espagne (2 200 000 sur 2 300 000) et de ses métiers
(48 000 sur 55 000). La production cotonnière de Catalogne représente 96 p. 100 de celle de l'Espagne.

L'industrie de la laine est concentrée à Sabadell et à
Tarrassa (prov. de Barcelone). Dans les mêmes villes,
elle entraîne les métiers auxiliaires (mécanique,
métaux, électricité). Tarrassa était déjà renommée au
Moyen Age pour ses draps, au XVIIIe siècle pour ses
teintures. Elle possède une École industrielle où
s'enseigne la fabrication des tissus. Son industrie
occupe 10 490 ouvriers; l'industrie cotonnière y a
aussi de l'importance, mais elle est de beaucoup
dépassée par celle de la laine.

Outre ces centres importants, il y en a d'autres,
particulièrement le long du Llobregat. L'exportation
des articles de laine élaborés par les fabriques catalanes représente 78 p. 100 dans la production totale
de ce genre d'articles en Espagne.

Les matières premières sont acquises à l'étranger.
Le kilogr. de marchandise, qui coûte à l'entrée
2 pes., 25, rapporte à la sortie 6,66 : le travail en a
triplé la valeur [1].

Viennent ensuite les industries de la soie, du
velours, des fibres de chanvre, ainsi que les nombreux
ouvriers (6 739 répartis en 210 fabriques) qui s'occupent des travaux complémentaires de l'industrie lai-

1. Voir la *Revue financière de la Banque Marsans*, juin 1921.

nière (lavage, coloration, achèvement des draps et tissus).

Deuxième groupe : les industries du papier, du bouchon et du cuir ainsi que les industries métallurgiques. Avec 75 fabriques et 2 800 ouvriers, la Catalogne produit du papier pour une valeur annuelle d'environ 30 millions de pesetas (20 p. 100 de la production totale d'Espagne). L'industrie du livre y est très prospère (82 p. 100 de la totalité de l'exportation espagnole). De même le liège : sur 20 000 ouvriers — suivant les indications de Martin Roger — les seules provinces de Barcelone et de Gérone en comptent 8000, produisant annuellement pour une valeur globale de 75 millions de pesetas.

L'industrie du cuir est prospère, sans atteindre toutefois l'importance des précédentes. Enfin, la métallurgie, qui a des antécédents historiques en Catalogne, occupe 32 000 ouvriers, et l'on peut évaluer approximativement la production annuelle à une cinquantaine de millions de pesetas.

Troisième groupe : les autres industries ainsi que les forces hydro-électriques. Il faut citer particulièrement les industries du bois, et surtout la fabrication des meubles ; les industries chimiques, plus récentes, spécialement 140 fabriques de savon, 8 de glycérine, 30 de bougies ; 11 fabriques de verre, 6 d'acide sulfurique, 4 d'acide nitrique, 6 d'acide chlorhydrique, 2 d'acide acétique, une d'acide carbonique, des distilleries de goudron, des raffineries d'huiles minérales, 12 fabriques de couleur, 60 laboratoires pour l'obtention de produits alcalins destinés à la pharmacie, 27 fabriques d'eau de Javel, 4 raffineries de sucre, une quinzaine de fabriques de matières colorantes, de substances chimiques et ainsi de suite.

Pour montrer l'importance des industries chimiques, il faut considérer que la Catalogne, pays de même superficie que la Belgique, mais de plus de moitié moins peuplé, produit 2 500 000 tonnes, alors que les États-Unis, d'une population de 109 millions, n'arrivent qu'à 18 millions de tonnes.

Nous avons signalé en passant l'industrie du ciment ; d'autres industries que celles que nous venons d'énumérer sont en pleine croissance, comme la préparation des conserves alimentaires et celle des liqueurs.

Ce développement industriel considérable exerce une influence directe sur le caractère des villes. Barcelone est une ville industrielle de première importance. L'on estime que la population ouvrière s'élève au tiers de la population totale de la cité. Ajoutez à cela l'activité des banques et des maisons de commerce. La métropole catalane est entourée d'une véritable enceinte de villes industrielles importantes, Tarrassa, Sabadell, Badalone, Mataro, reliées à leur capitale par des moyens de communication nombreux et aisés. Aussi l'aspect de Barcelone est-il celui d'une ville d'usines, de grand commerce et de port. L'élément ouvrier domine dans les rues, quel que soit le quartier de la ville que l'on observe.

Un dernier mot au sujet des industries électriques,

dont le développement, déjà puissant, sera de beaucoup dépassé dans l'avenir. En 1921, la Catalogne disposait de 150 centrales, et l'on estime à 1 200 000 ch. électriques la force dont elle pourra disposer sous peu. Sur les dix compagnies hydro-électriques d'Espagne disposant de plus de 10 000 ch., cinq se trouvent en Catalogne, et elles représentent 70 p. 100 du total de la force électrique de la Péninsule.

§ 3.

LANGUE CATALANE.

Les administrations de l'État ont pour organe la langue castillane, en Catalogne comme dans le reste de l'Espagne. Depuis le milieu du XIXe siècle, un mouvement d'opinion des plus vigoureux, appuyé par toute l'intellectualité du pays, s'est déclaré pour la langue catalane, conforme à la mentalité des habitants et seule traditionnelle, la langue capable d'être pour eux un moyen d'expression adéquat à leurs sentiments.

On sait avec quelle ardeur les petites nationalités revendiquent le droit d'user de leur idiome propre. C'est, ici encore, que le catalan est une langue et non, comme on le croit parfois, un simple dialecte. Le catalan est bien une langue romane originale, au même titre que l'italien, le provençal, le castillan, le français ; il remonte aussi loin que les autres langues romanes. Ses documents écrits remontent au début du ix⁰ siècle. A partir du xii⁰ siècle la langue catalane se développe pleinement, avec une poésie voisine des troubadours provençaux, une littérature narrative des plus intéressante, les *Chroniques*, des écrits juridiques tels que les *Usages* de Barcelone et le *Livre du Consulat de la mer* ; un livre de chevalerie célèbre, *Tirant lo Blanch* ; des auteurs très appréciés, *Bernat Metge*, *Ausias March*, et surtout l'œuvre si variée et si riche de *Ramon Lull*, qui, le premier, se servit, pour les idées philosophiques, de sa langue naturelle, alors que les écrits similaires étaient rédigés en latin et le furent longtemps encore [1].

Les philologues ont établi l'ancienneté du catalan et recueilli des documents sur son évolution, noms géographiques, expressions courantes, etc. Quant aux plus anciens monuments littéraires, ce sont des livres religieux. On a retrouvé un livre d'homélies (les *Homélies d'Organyà*), qui date probablement du début du xii⁰ siècle [2] et, mis en rapport avec les faits historiques, permet de supposer qu'il avait été précédé de divers autres recueils semblables, perdus depuis ; en effet, dès le début du ix⁰ siècle, la prédication « en langue vulgaire » (par opposition au latin, langue savante), fut recommandée aux évêques par plusieurs conciles.

Quels sont les éléments formatifs du catalan ? La majeure partie du vocabulaire est empruntée au latin,

---

1. Voir l'excellente *Literatura Catalana* de L. Nicolau d'Olwer (1917) ; ce livre est un modèle d'exposé clair, succinct, bien ordonné et d'information sûre.

2. *Ibid.*, p. 78.

comme dans les autres langues romanes, et l'on peut dire que souvent, même aujourd'hui, la forme latine, s'est conservée avec assez de pureté. Il faut ajouter un certain nombre de mots grecs, dus à l'importance de la langue grecque, parlée par les marins et répandue par eux dans tous les ports de la Méditerranée, et un certain nombre de mots arabes, provenant sans doute du contact et des échanges avec l'envahisseur.

Des influences très fortes s'exercèrent sur la littérature catalane : les troubadours provençaux, les grands écrivains italiens, Dante, Pétrarque, Boccace. Elles semblent avoir atteint les formes littéraires plutôt que le vocabulaire.

Sous l'hégémonie castillane, il y eut effacement du catalan devant le castillan, mais non pas influence des lettres castillanes sur la littérature catalane. Les intellectuels catalans écrivent alors dans la langue de l'Espagne centralisée. Mais le catalan continua à vivre dans les campagnes et dans les villes, expression indestructible d'une pensée originale, jusqu'au moment où il s'épanouit à nouveau sous sa forme littéraire.

Cette renaissance eut lieu au courant du XIXᵉ siècle. Nous en parlerons au dernier chapitre. Pour le moment, attachons-nous à la question de la langue catalane.

Après son long effacement, il lui manquait la pureté et la correction. Il fallut l'assainir et l'unifier : c'est là l'une des tâches de l'*Institut d'Études catalanes* ainsi que des écrivains, philologues et grammairiens.

Parmi ceux-ci, le principal des contemporains est Pompeu Fabra ; il a rendu des services à la propagation de la langue française en Catalogne en écrivant une grammaire de notre langue à l'usage de ses compatriotes ; mais c'est surtout comme philologue catalan qu'il faut le citer. La *Gramàtica catalana* de Fabra est une œuvre de premier ordre et par la clarté, et par la concision, et par son sens philologique. Rédigée en catalan, son étude est accessible à tout Français qui connaît bien sa langue et a étudié le latin, grâce à ses qualités de netteté.

On doit, d'autre part, à Antoine Griera des recherches sur les variations dialectales, l'histoire de la langue catalane, la philologie comparée, ainsi que la publication d'anciennes œuvres de portée philologique telle que le *Dictionnaire de Rimes* de Jaume March. A peine ai-je besoin d'ajouter que l'œuvre de ces deux grands philologues catalans est à la hauteur des meilleures œuvres similaires publiées dans les autres pays d'Europe.

Tâchons d'esquisser, très rapidement, la physionomie de la langue catalane, telle qu'elle apparaît à qui l'entend parler. Les consonnes sont très semblables à celles du français. Pas d'aspiration, pas même pour la lettre *h*. Le squelette du mot se dessine bien. Les voyelles sont plus difficiles à saisir : le son qu'elles donnent est moins clair et parfois plus gras que celui des voyelles françaises. De plus, elles présentent une grande variété. La voyelle *a*, par exemple, sonne parfois comme l'*a* ordinaire et non accentué du français (dans *faveur* ou dans *mental*) ; d'autres fois il est plus fermé que nous ne le prononçons, et, ailleurs, large et ouvert comme *â*, ou encore il paraît sourd. Puis, à la fin des mots où il figure très souvent (*porta*, *cosa*, *rosa*, etc.), il est complètement assourdi tout en étant prononcé, un peu comme l'*e* final d'un Méridional qui dit : une chos*e*.

Par contre, l'*e* muet propre au français, ce son estompé, qui prolonge le mot en demi-teinte, discrètement, n'existe pas plus en catalan que dans les langues autres que la nôtre. Et, de même qu'il lui manque l'*e* muet, le catalan ne possède pas non plus nos voyelles nasales (*an*, *in*, *on*, etc.).

L'*e* final se prononce en catalan ; de plus, les valeurs de l'*e* sont multiples ; outre celles que nous connaissons en français, il en existe de très particulières, comme dans le mot *plè* (plein), dont le son se prolonge et se marque, car il représente plus que lui-même, à preuve l'*n* qui s'y ajoute pour former le féminin *plena*.

La voyelle *o*, à son tour, se prononce de manières très différentes : *o* fermé et accentué (*carbó*), *o* ouvert et un peu bâillant (*memòria*), *o* tournant à l'*u* (= *ou*) et, par conséquent, impur pour l'oreille française. Il y a même certains mots qui ont deux orthographes. On écrit *ollada* (œillade, regard) et *ullada* (prononcé *oullada*), et, en réalité, à entendre ce genre de son, ce n'est ni un *o* franc ni un *ou*.

Autres exemples : nos diphtongues ne sont guère que des voyelles simples écrites en deux signes ; par contre, les Catalans possèdent des diphtongues véri-

tables, à savoir deux sons différents lancés en quelque
sorte par un même mouvement. Ainsi *au* et *eu* qui,
pour nous, correspondent à un son aussi unifié que *a*,
e ou *o*, s'entendent en catalan comme deux sons,
quoique non séparés ; ici le *u* tourne à la semi-voyelle,
au *w* anglais.

Ce qui différencie peut-être plus encore le catalan
parlé du français parlé, c'est l'accent tonique. Alors
que chez nous il se porte toujours vers la fin du mot,
le catalan a conservé du latin l'accent placé sur une
syllabe intérieure, comme le font les autres langues
romanes. Ce n'est pas qu'en certains mots, comme
c'est le cas pour l'italien, l'accent ne se porte avec
force sur la dernière syllabe ; mais le plus souvent il
remonte. De plus, il y a quelque chose de moins
chanté et de plus martelé dans le catalan que dans
l'italien ou le castillan. Il en résulte une certaine
rudesse, ainsi que l'altération de la clarté de certaines
syllabes, qui perdent de leur importance à côté de la
syllabe accentuée : particularité qui rend difficile à
saisir une conversation courante et un peu négligée.

D'une manière générale, c'est avec l'italien et avec
les langues du Midi de la France que la sonorité et la
tonalité du discours catalan ont le plus d'affinité.

La lexicographie est intéressante à comparer soit
au latin soit au français. Beaucoup d'analogie avec le
français dans la formation du pluriel et dans celle du
féminin des adjectifs. Par contre, c'est une difficulté
pour nous que de bien placer les pronoms quand il y
en a plusieurs qui accompagnent un verbe comme

compléments. Il est vrai que, pour un étranger, l'emplacement de nos pronoms (comme dans : *donnes-m'en*, ou *envoyes-le-moi*) ne doit guère paraître aisé ; mais ce genre de problème est plus complexe encore en catalan : la seule énumération de ces formules prend huit grandes pages dans l'excellente grammaire de P. Fabra.

Le verbe catalan est des plus curieux. Il est riche en formes doubles ou triples, qui s'emploient dans le langage oral ; je veux dire qu'à la place d'une forme préférable, on peut en employer une ou deux autres qui ne sont pas incorrectes. Néanmoins, la tendance à unifier et à épurer va à l'encontre de cette liberté du langage parlé.

Un seul verbe auxiliaire : *avoir*. *Être* n'est pas auxiliaire en catalan. D'autre part, *avoir*, si usité en français pour exprimer un rapport de possession, ne s'emploie guère dans ce sens ; le catalan prend pour ce cas le verbe *tenir*. Quant au verbe *être*, il se traduit en catalan, comme en castillan, par *ésser* pour exprimer la simple relation (« cet homme *est* médecin »), et par *estar* pour exprimer la situation (« il *est* à la maison, il *est* malade », etc.), synonyme, en ce sens, du verbe *se trouver*.

Pour terminer, la syntaxe et la construction catalanes présentent plus de similitude avec la langue française qu'avec le castillan. Et même dans la tournure de l'expression et les tendances de la pensée, on peut dire qu'entre les écrivains catalans actuels et la littérature française, il s'est établi une sympathie d'autant plus vive qu'elle est à la fois naturelle et voulue : naturelle, par tradition et par instinct tout ensemble ; voulue, en ce qu'elle est l'expression de l'éloignement que tient à manifester le Catalan envers les influences castillanes.

En résumé : le catalan est une langue romane originaire, et non dérivée d'une autre, mais née parallèlement à ses sœurs latines ; elle a eu son développement propre et sa splendeur ; elle a servi et sert de moyen original d'expression dans plusieurs manifestations importantes de la pensée humaine ; seules les circonstances de la vie politique ont provoqué sa décadence passagère ; mais, depuis le milieu du XIXᵉ siècle, elle a connu une nouvelle ère de prospérité ; elle a repris conscience d'elle-même, elle tend à s'affiner et à s'unifier graduellement. Il y a cinquante ans, on voyait souvent des Catalans écrire en langue castillane ; actuellement, de plus en plus, les Catalans ont à cœur de s'exprimer en leur langue et leurs écrivains ont élevé celle-ci à un haut degré de perfection.

CHAPITRE II

LE CATALANISME ET SES INSTITUTIONS

§ 1.

LE CATALANISME ET LA CONSTITUTION DE LA " MANCOMUNITAT "

E. Prat de la Riba, dans *La Nationalité Cata-lane* (1906), nous enseigne de quels éléments est cons-titué le sentiment catalaniste. Ce sentiment émane directement de la conscience du peuple. Ce que veulent les Catalans, c'est avant tout et simplement *être Catalans.* Leur volonté puise des forces dans le ressentiment des souffrances qu'imposa à la Catalogne la centralisation à outrance du Gouvernement de Madrid, autant que dans le souvenir ému d'une glo-rieuse tradition nationale. L'existence d'une patrie catalane est *un fait naturel* (p. 52) : en effet, une nationalité a sa langue, son droit, son art, son sen-timent collectif propre ; elle constitue un groupement *naturel.* Or, selon notre auteur, ces éléments existent en Catalogne, aussi vivaces aujourd'hui que jadis. Les

Catalans en ont repris conscience à travers l'époque contemporaine.

On perçoit dans ces pages de Prat de la Riba l'écho d'années d'ardeur et d'agitation. La génération dont il faisait partie commença à se faire entendre vers la fin des années quatre-vingt. Le sentiment de catalanisme cherchait encore son expression exacte ; il se définissait alors comme *régionalisme* avant de tenter de s'affirmer comme *nationalisme* intégral.

Un autre document très complet de la conscience que la Catalogne prenait d'elle-même depuis la seconde moitié du XIXᵉ siècle, c'est le livre de l'illustre prêtre Torras i Bagès, qui devint évêque de Vich, sur la *Tradition Catalane*. Ce livre est antérieur à celui de Prat de la Riba et parut en 1892. Se fondant sur la portée philosophique et religieuse du sentiment de nationalité, Torras i Bagès oppose aux grands États, qui personnifient le matérialisme de l'époque, les unités nationales naturelles ; celles-ci, animées de sentiments nobles et d'idées saines, ont un véritable idéal collectif et une valeur morale réelle : car elles ont à défendre leurs coutumes, leur droit, leur langue, leurs croyances, leurs traditions et exigent de leurs membres une abnégation inconnue de ceux qui ne cherchent que leur intérêt dans un empire sans âme.

Dénonçant les tendances qui font obstacle au sentiment vivace de la patrie conçue comme réalité ou groupement naturel, il cherche à montrer que pour ce sentiment le libéralisme contemporain est particulièrement délétère, tandis que le spiritualisme de l'Église, riche d'idéal et d'élévation, nourrit et soutient l'amour du pays.

Il applique ces principes à la Catalogne et consacre une longue étude à retrouver l'âme catalane, non seulement dans l'histoire de la Catalogne, mais dans l'œuvre de ses penseurs, de ses poètes, de ses religieux. Le livre de Torras i Bagès est débordant d'enthousiasme et de sympathie humaine. Il parut au moment même où les représentants de toute l'activité catalane formulaient le premier programme intégral du catalanisme, les *Bases de Manresa.*

Comment la conscience catalane, qui semblait anéantie au cours du xviiie siècle, arriva-t-elle à renaître ? Sous la Révolution française, puis avec Napoléon Ier, les anciennes libertés catalanes trouvèrent en France des admirateurs, des défenseurs ; mais, encore à ce moment, les Catalans étaient si étrangers à leur tradition qu'il préférèrent obéir à l'impulsion de Madrid que d'écouter les offres des généraux de l'Empereur.

Or, peu de temps après, nous verrons se réveiller l'âme catalane, non pas à l'appel d'une pensée locale, mais à celui de la pensée *européenne*, celle-là même à laquelle, sous Napoléon, les Catalans étaient restés sourds.

C'est le mouvement romantique qui opéra ce prodige. On sait l'importance de ce mouvement. Ses aspects furent multiples. Suivant les pays d'Europe qu'il atteignit, il prit des nuances différentes. Cependant, partout, la manière de sentir et de penser qu'on appelle *romantique* eut certains caractères fonciers. L'un d'eux est la reviviscence du passé — voyez *Notre-Dame de Paris* — en même temps que la mise en lumière des particularités des diverses nations, de la couleur locale, du pittoresque; ajoutons-y le *sentiment du pays*, en opposition avec la conception d'une humanité abstraite, d'un *homo sapiens* partout semblable à lui-même, avec l'humanitarisme universel prêché par Voltaire dans les *Guèbres*, par exemple, ou par Lessing dans *Nathan le Sage*. C'est l'un des traits les plus curieux du romantisme que la vision historique, l'évocation du passé, la mise en valeur des qualités du sol, de son pittoresque, de son héroïsme.

Or, c'est précisément l'évocation du passé et le sentiment national qui, en Catalogne, définissent l'influence romantique, à l'exclusion des autres caractères de ce mouvement. L'auteur préféré des Catalans, celui auquel tous les historiens de la Renaissance de la Catalogne attribuent l'influence la plus marquée, fut Walter Scott. Ce qui, dans la lecture de Walter Scott, fit vibrer la fibre patriotique des Catalans, c'est le sentiment national écossais qui s'y fait jour non seulement dans le décor, mais dans les personnages. Tout sentiment national, et celui des Catalans fut du nombre, trouve aisément des analogies dans d'autres pays; il découvre dans les traditions, dans les romans historiques d'autres peuples, les échos de ce qu'il entend en lui-même.

Mais, pour pouvoir exprimer leurs sentiments d'une manière originale et forte, les Catalans devaient

d'abord rendre à leur langue la haute valeur intellectuelle qu'elle avait eue à l'époque d'un Ramon Lull.
Où en était, vers 1830, la langue catalane ?

En dépit des mesures d'oppression qui la visèrent,
telles que furent les décrets du roi d'Espagne Philippe V, en 1714, supprimant le catalan comme langue
officielle et l'excluant de l'enseignement, et le décret
de Nueva Planta de 1716, qui abolit le catalan dans les
tribunaux du pays, la langue catalane, au courant
du xviii° siècle, ne perdit pas sa vitalité. « Le catalan
« était la langue exclusivement en usage dans les
« délibérations des municipes et des consulats de la
« mer, dans les corporations, dans l'association des
« marchands, dans la chaire des églises, dans l'admi-
« nistration des sacrements, dans la correspondance
« et dans les relations quotidiennes ; et si, dans les
« cités et les centres urbains de quelque importance,
« parler et écrire en castillan était devenu la mode
« parmi les gens de marque, les habitants des cam-
« pagnes et des villes, la grande masse de la population
« aussi bien rurale que citadine, continuait à se servir
« exclusivement de la langue nationale, plus ou moins
« contaminée par l'influence du dehors, mais toujours
« résistant victorieusement à l'imposition de servitude
« décrétée par l'absolutisme de l'État[1]. »

Ce qui était frappé le plus durement, c'était la
langue catalane de forme littéraire. En effet, sous la
pression de la centralisation espagnole et à cause de

____

1. MONTOLIU, *Manual d'història crítica de la liter. catal.
moderna*, 1922, I, p. 13.

la domination du castillan et du développément glorieux de sa littérature aux xvi⁰ et xviie siècles, les
Catalans des classes dirigeantes croyaient bien faire
en abandonnant leur langue et jugeaient le castillan
plus poli, plus élégant. En ces temps d'oubli de la
langue catalane écrite, l'Église contribua à soutenir,
quand même, le sentiment du peuple, en publiant eh
langue catalane de nombreux livres de piété et en
parlant aux Catalans leur langue propre. En soi,
c'était peu de chose. Mais ce peu compte pour beaucoup dans une époque de détresse.

L'âme catalane et son moyen d'expression, la langue,
n'étaient donc pas anéantis, mais assoupis seulement.
Même aux heures les plus malheureuses, on trouve
des indices d'une vie latente, qui va bientôt se manifester avec une vigueur toute nouvelle. En effet,
en 1814 paraissait une *Grammaire* (la première grammaire catalane) *et Apologie de la langue catalane*,
par Pau Ballot, et nous y lisons une défense de cette
langue : « La langue catalane est non seulement une
« véritable langue et une langue proprement dite,
« mais elle est encore simple, claire, pure, énergique,
« concise, riche, coulante et naturelle ; et elle est si
« juste, si polie et si douce, qu'il n'existe pas d'autre
« langue capable d'exprimer en termes plus concis
« des concepts plus élevés et meilleurs ; elle tient en
« tout point une vive ressemblance avec sa mère, la
« langue latine[1]. »

C'étaient les écrivains qui préféraient le castillan.

1. Cité par MONTOLIU, p. 33-34.

Et même, parmi les auteurs de l'époque romantique chez lesquels se réveillera le sentiment catalan, il en est beaucoup qui continueront à écrire en castillan. C'est en castillan que parut à Barcelone, à partir d'octobre 1823, une revue qui joua un rôle important dans le mouvement, *El Europeo*, organe de l'École romantique spiritualiste ; en castillan encore, *El Vapor*, qui succéda, après un intervalle, à *El Europeo*, de peu de durée. Deux des inspirateurs les plus actifs de ce romantisme étaient des Catalans, Carles Aribau et R. Lòpez Soler. Ce dernier fut l'un des admirateurs les plus fervents de Walter Scott[1].

Un jour, enfin, Aribau, à l'occasion de l'anniversaire de son protecteur, écrivit une *Ode* en catalan et la publia dans la revue *El Vapor* (1833). Le poète, absent de Catalogne depuis plusieurs années, y exprimait, sous une forme simple, les sentiments profonds qui l'attachaient à son pays. Il est probable qu'il n'accorda pas grande importance à ce poème, au point de vue littéraire du moins. Mais ces modestes vers firent époque ; ils réveillèrent la langue littéraire et, à partir de ce moment, nous verrons la littérature catalane reprendre peu à peu sa place parmi ses sœurs latines, puis, tout à coup, arriver à un épanouissement admirable. En même temps, avec l'*Ode* d'Aribau, le sentiment catalan retrouvait son expression ; dans le domaine politique, ce sentiment grandira en puissance. Le mouvement fut secondé par les facteurs écono-

---

1. A. SAVINE, *Préface* à la traduction française de l'*Atlantide* de Verdaguer, Paris, 1884.

miques. Nous avons eu l'occasion, antérieurement, d'appeler l'attention sur leur importance. Depuis que le commerce avec l'Amérique, que s'étaient réservé les Castillans pendant près de deux siècles, fut ouvert aux Catalans, ceux-ci avaient repris courage, et, dès la fin du xviiie siècle, le renouveau de l'activité productrice de la Catalogne avait commencé.

Au courant du xixe siècle, l'industrie catalane alla se développant et s'amplifiant chaque jour : nous avons vu l'extension à laquelle elle est parvenue actuellement (ch. I, § 2). Cette activité, ces progrès matériels accentuèrent, de leur côté, le sentiment catalaniste.

Avant de passer à l'affirmation politique du catalanisme, qui doit faire l'objet propre du présent chapitre, nous consacrerons une courte analyse à l'*Ode* d'Aribau : car si, dans sa simplicité, elle eut tant de retentissement, c'est qu'elle traduisait exactement les sentiments des Catalans.

De loin, le poète salue les montagnes de sa patrie et les sommets qui les dominent de toute leur hauteur, « le vieux Montseny, couvert de brumes et de neiges »; il se rappelle le bruit de ses torrents, qui lui était aussi proche que des voix familiales, et il est triste de ne plus pouvoir les écouter autour de lui. Le même élan vers sa patrie l'emporte, quand il est trop loin pour entendre les accents de sa langue maternelle, et, notation vraiment touchante, il se la parle intérieurement, avec lui-même :

> Il me plaît de parler la langue de ces sages
> Dont l'univers vanta les coutumes, les lois,
> Langue de ces héros que respectaient les rois,
> Et qui, forts de leur droit, vengèrent leurs outrages.

La tradition glorieuse s'éveille aux accents de la langue nationale du poète. Cette langue, — le « limousin », comme les poètes d'alors appelaient le catalan, — lui arrache des larmes : ses premières paroles, ses prières à Dieu, les cantiques qu'il entendait dans ses rêves, la nuit, étaient « en limousin » ; c'est la langue qu'il se parle à lui-même, et, quand il la parle, il ne saurait mentir, car les paroles alors lui viennent du cœur... Poésie simple, naïve, et si émouvante par tout ce qu'elle dit de vrai et de profond ! Incontestablement, elle chantait ce que nombre de Catalans éprouvaient en silence.

Abordons maintenant les manifestations politiques du sentiment catalan ; elles commencèrent après ses manifestations littéraires ; mais, pour simplifier l'exposé, force nous est de laisser pour les pages que nous consacrerons à la littérature l'ensemble de cette question. Il est plus clair pour le lecteur de connaître d'abord le mouvement catalaniste dans son expansion politique et sa forme sociale.

Un mot d'abord : il est extrêmement difficile d'exposer n'importe quelle question politique intérieure propre à un pays d'Espagne. Aussi bien en Catalogne que dans le reste de la Péninsule Ibérique, les partis ne ressemblent guère à ce qu'ils sont en France, en Belgique ou en Angleterre. Dans ces derniers pays, il y a des tendances politiques marquées, des programmes définis. En Espagne, les influences personnelles et les petites factions sont au premier plan. La Catalogne essaie d'échapper à ce défaut, mais les habitudes contractées rendent la chose difficile, et depuis environ soixante années qu'il existe une vie politique proprement catalane, les combinaisons, complications et compromis n'ont pas manqué. En France, concevrait-on comme possible Léon Daudet faisant alliance avec les radicaux de la Ligue des Droits de l'Homme ? Eh bien ! il y eut des moments, chez les Catalans, où des alliances électorales plus invraisemblables encore se conclurent entre de farouches ennemis de la veille... et du lendemain. Et, même en dehors de ces excès, il y a suffisamment de complications dans l'histoire, encore brève, du catalanisme.

Pour les exposer, il faudrait avoir suivi personnellement les événements. Il reste si peu de chose, après quelque temps, de ces hauts faits politiques qui ont paru importants à leur heure ! Et, en dehors des intéressés, qui s'en préoccupe ? Il faut donc s'en tenir à l'essentiel, au durable[1].

On peut dater de 1860, c'est-à-dire du livre de Cortada sur *la Catalogne et les Catalans*, le point de départ de la vie politique proprement catalane. On considère ce livre comme ayant formulé clairement le problème politique.

1. On trouvera un aperçu des fluctuations de la politique des partis en Catalogne dans le livre vivant et aisé à lire de ROVIRA I VIRGILI, publié en langue castillane sous le titre de : *El Nacionalismo catalán*.

Mais les débuts du catalanisme politique ne se passèrent pas sans confusion. Le catalanisme, avec Valenti Almirall et Pi Margall fut étroitement mêlé au fédéralisme espagnol et à la politique républicaine. Pi Margall, lors de la proclamation de l'éphémère République de 1873, s'imaginant que le régime dont il était le défenseur attitré arriverait à résoudre tous les problèmes, jugeait l'autonomie demandée par les Catalans comme plus dangereuse qu'utile.

Après le retour de la monarchie, Almirall ne désarma pas ; il publia un journal catalan et, se séparant des fédéralistes espagnols, fonda une société de caractère nettement catalaniste. Le catalanisme l'emporta chez lui sur les idées républicaines et, en 1885, il remit à Alphonse XII un *mémoire* pour la défense des intérêts de la Catalogne en son nom et en celui d'une commission formée de Catalans notoires parmi lesquels figuraient les noms, universellement connus dans les lettres, de Verdaguer et d'Angel Guimerá. Cette démarche n'eut aucun résultat. En 1886, il fit paraître son livre sur le *Catalanisme*.

L'espoir qu'il avait eu de grouper en un seul centre tous les catalanistes échoua. Guimerá et Permanyer abandonnèrent Almirall et fondèrent la *Ligue* de Catalogne, avec, comme organe, la *Renaixença* (« la Renaissance »). L'un des premiers actes de cette *Ligue* fut le message de 1888 à la Reine régente, lors de sa visite à l'Exposition Universelle de Barcelone [1].

—————

1. Voir le livre cité de Rovira i Virgili, 2ᵉ partie, ch. I, p. 115 et suiv.

En même temps, le programme catalaniste se préci-
sait ; on menait campagne pour le maintien de l'ancien
droit catalan, menacé par l'unification du droit civil.
L'*Union Catalaniste* venait de se constituer. Elle pro-
voqua la réunion d'une assemblée, composée des délégués de toutes les contrées et de toutes les organisa-
tions de la Catalogne. Cette assemblée fut suivie
d'autres semblables, mais c'est la première de ces réunions, l'*Assemblée de Manresa*, qui est de loin la plus
importante. Elle indique un point culminant dans
l'histoire du catalanisme. C'est ici que furent élaborés
les statuts du catalanisme politique connus sous le
nom de *Bases de Manresa*[1].

Les *Bases de Manresa* sont essentielles pour comprendre ce qui suivra. Elles expriment, en effet, les
revendications fondamentales des Catalans. Depuis
trente-trois ans qu'elles ont été formulées, on peut
dire que rien d'essentiel de ce qu'elles contiennent n'a
été accordé par le gouvernement de Madrid. Étudions-
les de près, d'après la publication des textes et discours faite par l'*Union Catalaniste*.

Le projet, préparé avec soin, fut discuté avec calme
et bon sens. L'on s'entendit sur les points suivants :
tout d'abord, les attributions à reconnaître au pouvoir
central espagnol, à savoir : réglementation des relations internationales, de l'armée et de la flotte, des
droits douaniers ; moyens de communication ; budget
de l'État ; conflits inter-régionaux ; relations avec
l'Église. Cependant, certaines restrictions sont formu-

1. Bibl. de l'*Unió Catalanista*, Barcelone, 1893.

lées au sujet des moyens de communication qui intéressent spécialement la Catalogne et l'on réclame aussi pour ce pays un clergé catalan.

Cela réglé, les *Bases* contiennent les revendications catalanistes proprement dites : droit catalan propre ; langue catalane seule officiellement en usage dans la Catalogne et même dans les relations de la Catalogne avec le pouvoir central, le *droit* et la *langue* étant des conditions primordiales de l'existence d'un pays. Ensuite, les charges publiques, occupées par des Catalans, non par des Castillans. Puis, la division du pays : elle ne doit pas être livrée à l'arbitraire, comme en 1833, lors du découpage de la Catalogne en quatre provinces, mais elle se fondera sur les unités naturelles qui sont la commune et la *comarca* (ou région naturelle, en réalité assez difficile à définir).

La Catalogne aura son gouvernement intérieur et sera maîtresse chez elle en ce qui concerne les lois organiques, la législation civile et pénale, le code de commerce, la procédure, l'établissement et la perception d'impôts, la frappe de la monnaie ; elle tiendra toutes les attributions de la souveraineté qui ne figurent pas dans les droits réservés au pouvoir central.

Comme assemblée législative fonctionneront les *Corts* catalanes, les *États*, dont nous avons fait remarquer l'importance et la nouveauté au Moyen Age ; elles seront élues par tous les chefs de famille groupés en classes fondées sur le travail manuel, la capacité, la propriété, le commerce, etc. (semblablement à ce qu'on appelle dans d'autres pays d'Europe la *représentation des intérêts*). La chose semble naturelle en Catalogne, à cause de la prédilection pour l'organisation corporative. Le pouvoir exécutif sera exercé par cinq ou sept hauts fonctionnaires, nommés par les *Corts* et placés à la tête des départements de l'administration.

Parmi les revendications de Manresa figurent le rétablissement des anciens tribunaux nationaux de Catalogne, avec nomination des président et vice-présidents par les *Corts* et l'établissement de juridictions spéciales pour l'industrie et le commerce.

Nous avons vu que les unités territoriales naturelles, commune et *comarca*, seraient rétablies. Elles reçoivent leurs attributions administratives et leur organisation.

La question de l'armée était difficile à régler : la Catalogne contribuerait à la défense de l'Espagne, soit en envoyant des volontaires, soit au moyen d'une compensation pécuniaire. Pour la sécurité intérieure du pays, il y aurait les *Someteuts*, une ancienne milice bourgeoise, et pour le service actif permanent on créerait un corps semblable à la Garde civile espagnole, mais sous la dépendance des autorités catalanes.

Les *Bases* revendiquent, en outre, pour la Catalogne, le droit de frapper monnaie, en observant les clauses de l'Union monétaire, et la monnaie catalane aurait cours dans toute l'Espagne.

Quant à l'enseignement, problème de première importance, il serait organisé à tous ses degrés selon

les nécessités de la civilisation catalane, et non selon
un type abstrait de culture vague et générale. Au
contraire, les Écoles spéciales y tiendraient une
grande place.

Telles sont les dispositions essentielles de ce projet,
dont les Catalans attendent encore toujours la réalisation. Nous verrons que, dans les limites très restreintes qui leur furent imposées, ils sont parvenus,
par la suite, à faire des prodiges (le mot n'est pas de
trop) en ce qui concerne l'enseignement, l'amélioration des voies de communication, l'agriculture, les
services techniques, la conservation des monuments du
pays, et à prendre contact les uns avec les autres dans
la réunion des délégués des quatre provinces catalanes.

La propagande catalaniste ayant désormais un programme, elle fut menée avec activité, surtout à partir
de l'assemblée de Reus, qui en définit les moyens
d'action (1893). L'une des conquêtes importantes
obtenue par les catalanistes dans les années qui suivirent fut d'entraîner avec eux la société la plus
influente de Barcelone au point de vue intellectuel,
l'*Ateneu Barcelonès* (« Athénée de Barcelone »), cercle
de réunions, de conférences et de lecture, avec de
nombreuses publications périodiques de Catalogne et
de l'étranger et une riche bibliothèque. Pour la première fois, le discours présidentiel fut prononcé en
langue catalane par l'illustre écrivain Angel Guimerá (1896), non sans rencontrer de vives résistances
qui furent peu à peu vaincues au profit de la catala-
nisation complète de cette institution importante.

Dans ces mêmes années quatre-vingt-dix et suivantes, le malaise politique qui tourmentait Barcelone décida de nombreux habitants, parmi la bourgeoisie, à se rallier au mouvement catalaniste. On se souvient des attentats anarchistes, de la tragédie de Montjuich et, peu après, du désastre des Espagnols aux îles Philippines (1898). Le coefficient de personnalité du catalanisme ainsi que sa force de résistance n'avaient fait que croître dans les dernières années du siècle passé, à tel point qu'au lendemain de la guerre avec l'Amérique, les promesses faites à la Catalogne, au nom du gouvernement de Madrid, par le général Polavieja, ne parvinrent à rallier qu'une minorité ; la majorité des Catalans resta sur la défensive. On essaya pourtant de s'entendre. On vit même un Catalan éminent, Durán i Bas, figurer parmi les ministres espagnols, mais des complications, qu'il serait oiseux de raconter ici, survinrent, et la bonne volonté du général Polavieja ne put leur tenir tête (1899). Une hostilité plus marquée qu'auparavant éclata entre Madrid et la Catalogne ; elle se fit jour avec violence lors de la visite de la flotte française à Barcelone. La population siffla la *Marche royale espagnole*, acclama la *Marseillaise*, chanta les *Segadors*, l'hymne nationaliste dont nous avons expliqué l'origine au cours de notre esquisse historique [1].

C'est en ce même temps que les premiers essais

1. Pour le détail de ces événements, voir l'ouvrage cité de Rovira i Virgili et la collection du journal *La Veu de Catalunya*, très précieuse à consulter pour toute cette période.

furent tentés par les catalanistes d'entrer en lice dans les luttes politiques. L'échec qu'ils subirent d'abord les força à s'organiser. Leurs deux principales sociétés politiques, le *Centre nationaliste catalan*, dirigé par Prat de la Riba, et l'*Union régionaliste*, présidée par le Dr Miquel Fargas, menèrent une campagne active, couronnée de succès, les quatre candidats présentés aux élections législatives ayant été élus. Ces deux sociétés se fondirent alors en une seule, la *Ligue régionaliste*, qui remporta aussitôt une grande victoire aux élections municipales.

C'est vers 1900 que commença à intervenir activement dans la politique de Catalogne un certain Lerroux, habile metteur en scène et démagogue à la parole facile qui, tout en se présentant comme républicain, rallia tous les éléments de la population opposés au catalanisme : éléments réactionnaires aussi bien que radicaux et même socialistes. D'autre part, dès 1903, des divisions assez notables se produisirent entre catalanistes : républicains, vieux Catalans avec Guimerá et Permanyer, groupe de jeunes opposé à la politique sentimentale de ces ancêtres, enfin la *Ligue régionaliste* à laquelle appartenait Cambó, qui jouera un rôle actif dans le mouvement catalaniste et deviendra l'un des membres les plus écoutés de la Chambre espagnole. En réalité, la lutte se concentra bientôt entre le parti de Lerroux et la *Ligue*. Celle-ci remporta une série de succès éclatants : d'abord aux élections municipales de 1905. La même année, le conflit devint de plus en plus aigu entre le pouvoir central et les Catalans. Les officiers s'en mêlèrent, le gouvernement les soutint et, prenant comme prétexte une futile histoire de caricature parue dans un petit journal, alla même jusqu'à faire voter une loi répressive, loi d'exception punissant les délits contre la patrie et l'armée et édictant des peines très sévères contre la Presse. C'était le régime de l'oppression. La réponse de la Catalogne ne se fit pas attendre ; des protestations éclatèrent de toutes parts. Il arriva ce qui arrive toujours en pareil cas : les mesures de violence firent ce que les Catalans n'auraient peut-être pas réussi à faire de leur propre mouvement : une alliance de tous les partis à sentiment catalaniste, en un mot, ce qu'ils appelèrent eux-mêmes la *Solidarité*. Résultat : aux élections législatives de 1907, sur 44 députés à élire dans les provinces catalanes, 41 catalanistes entrèrent à la Chambre, et l'unanimité des sénateurs des mêmes provinces fut acquise au catalanisme.

C'est pendant cette campagne électorale que fut élaboré le *Programme* dit *du Tivoli* (du nom du théâtre de Barcelone où se tint le meeting qui l'acclama) ; ce fut la plate-forme électorale de la *Solidarité*[1]. En premier lieu, ce programme demande la suppression des lois d'exception, qui sont une violation des libertés publiques acquises à notre époque. En second lieu, il justifie le mouvement catalaniste. D'où provient ce mouvement ? Il est le résultat naturel de l'état de décadence de l'Espagne. Si celle-ci ne veut pas périr, il lui faut une rénovation. Or, la Cata-

1. Voir la *Veu de Catalunya* du 14 avril 1907.

logne la première a senti la nécessité d'une rénovation : elle a su s'élever à un idéal, soutenu par le sentiment collectif. Mais il ne servirait à rien de se borner à formuler un idéal, il faut le réaliser ; il faut des réformes, et tout d'abord dans l'enseignement, la bienfaisance, les travaux publics. Ce sont là des fonctions sociales que, suivant le *Programme*, l'État espagnol s'est montré incapable de remplir : qu'on les confie donc aux organismes régionaux ! En d'autres termes, il importe de rendre aux organismes naturels, municipes et régions, leurs fonctions propres, et de leur assurer les ressources suffisantes pour mener leur tâche à bon terme. Il importe de respecter le caractère de ces organismes naturels et spécialement, en ce qui regarde la Catalogne, son droit civil traditionnel et sa langue. On voit que le programme du Tivoli souligne quelques-unes des revendications essentielles des *Bases de Manresa*.

L'opinion de la Catalogne s'étant fait entendre avec force, Maura, l'homme d'État bien connu, chef du parti conservateur, élabora un projet d'administration générale pour ce pays. Le projet restait beaucoup en deçà des revendications catalanes. Les républicains, par la voix de Suñol, un de leurs chefs, étaient d'avis de le repousser. Cambó, encore tout jeune (il avait 29 ans) et dont le premier discours parlementaire fit grand effet, s'inspirait d'une politique différente. Ennemi de la politique de principes et de l'idéologie, il préférait s'adapter au moment et tirer des circonstances présentes tous les avantages possibles ; il fut d'avis de s'entendre avec Maura. La gauche catalaniste rompit la *Solidarité*; certains principes du projet Maura lui déplaisaient, entre autres le vote corporatif appliqué à la Commune. Au fond, les divers partis du Parlement espagnol n'étaient vraiment d'accord que sur un seul point : l'organisation de groupements entre provinces, ayant pour but de réaliser en commun certaines fonctions administratives. C'est ce genre de groupement, applicable soit aux communes, soit aux provinces, qu'on appelle *Mancomunidad* en espagnol, *Mancomunitat* en catalan. Certains ont traduit le mot en français par un néologisme, la *Mancommunauté*. Mais, même pour arriver à la formation de mancommunautés, il fallut encore attendre cinq ans.

Ces cinq années furent remplies, chez les Catalans, par des oscillations politiques assez fortes, qui montrent combien est instable et peu sûre une foule électorale mal éduquée. Il serait long et fastidieux de retracer ces conflits locaux. Le lecteur qui désirerait se renseigner en trouvera l'histoire dans le livre, déjà signalé, de Rovira i Virgili.

En dépit d'invraisemblables combinaisons de partis, qui paraîtraient absurdes ailleurs que dans la Péninsule Ibérique, l'idée d'une Mancomunitat des provinces catalanes, une fois fixée, résista aux politiciens. Le sentiment catalaniste était là pour la soutenir. En 1911, la Députation provinciale de Barcelone approuva un projet en ce sens; seule la minorité radicale (le parti Lerroux) s'y opposa. Les Députations des trois autres provinces catalanes étant d'accord avec Barcelone, une commission reprit le projet Maura, l'améliora, et, avec l'appui de nombreux députés du Parlement espagnol, elle arriva à obtenir que le chef du Cabinet d'alors, Canalejas, qui fut assassiné peu après (nov. 1912), déposât un projet. Adopté par la Chambre, il fut ajourné par le Sénat, après le vote de l'article 1, qui était essentiel.

Le 24 octobre 1913, une imposante manifestation eut lieu à Barcelone en faveur du projet, avec l'appui de tous les partis catalanistes. Les députés catalans réclamèrent la mise en vigueur de l'article 1er, puisqu'il avait été voté par les deux Chambres. Une solution fut trouvée. Sur les conseils de Dato, alors chef du Cabinet, ce fut non une loi, mais un Décret royal (18 déc. 1913) qui accorda aux administrations provinciales le droit de se grouper, pour mieux assurer le fonctionnement de certains services d'intérêt commun. C'est, nous l'avons vu, en cela que consiste une *Mancomunidad* de provinces et, dans l'espèce, la *Mancomunitat* formée par les quatre provinces catalanes.

Précisons. Qu'autorise au juste le Décret royal du 18 décembre 1913 ?[1] « L'association des conseils muni- « cipaux et des députations provinciales pour des fins « exclusivement administratives », en vue du bien des habitants. Décret conforme à la Constitution et simple

---

1. Voir, pour tout ce qui suit, les deux volumes de Documents publiés par la *Mancomunitat de Catalunya* avec le sous-titre : *Per l'Autonomia*, ainsi que la collection de la *Veu de Catalunya*.

application de la loi municipale, qui autorise ce genre d'associations.

Ce n'est donc point là une disposition nouvelle, exigeant un vote du Parlement. Il n'en serait plus de même si, dans la suite, on voulait déléguer à ces associations un droit appartenant au pouvoir central.

Le Décret royal de 1913 énumère les conditions sous lesquelles sont permises ces associations administratives : il s'agit ici des statuts de l'association ; le gouvernement en étudiera minutieusement le projet, « jusqu'à ce qu'il soit sûr qu'il ne contienne rien qui, « directement ou indirectement, contredise la légalité « constitutionnelle et administrative du Royaume ».

Une Mancommunauté n'a donc pas d'autre faculté que de centraliser certains services administratifs. Elle peut se constituer temporairement, ou pour un temps indéfini. Elle doit rendre compte à l'État de ses dépenses et de ses ressources, qui seront les rentes de propriétés appartenant aux Députations provinciales, le produit des exploitations qui en dépendent, les cotisations volontaires des Conseils municipaux et des Députations provinciales, les impôts et contributions cédés à la Mancommunauté, soit par les Députations provinciales, soit par les Conseils municipaux, après qu'ils ont couvert leurs dépenses, enfin les impôts que la Mancommunauté peut percevoir pour ses services et les contributions que lui paient les particuliers pour prestations qu'on peut leur faire.

Les provinces catalanes firent usage de l'autorisation accordée par le Décret royal. Chose digne d'admiration : les Catalans, par la foi en leur cause, par leur esprit d'initiative, par l'énergie de leurs chefs, surent remplir d'institutions vivantes les vieux cadres administratifs. Avec les moyens restreints qu'on leur accordait, ils parvinrent à donner une vie nouvelle à des formes routinières et inertes, et à créer une œuvre importante, que nous étudierons dans la suite de ce chapitre.

C'est le 6 avril 1914 que se constitua la Mancomunitat catalane. Ses statuts, votés le 9 janvier 1914 par l'unanimité des conseillers des quatre provinces catalanes et ratifiés immédiatement après par les Députations de chaque province, furent approuvés par Décret royal du 26 mars 1914.

Il est intéressant de connaître comment les Catalans, dans des limites aussi restreintes, parvinrent à formuler des statuts qui leur permirent des réalisations sérieuses. Tout en s'en tenant aux prescriptions du Décret, ils élevèrent leur Mancomunitat au point d'être une représentation véritable de l'esprit catalan.

Mais il y a plus : bien que la Mancomunitat ne fût, selon le Décret royal, que la réunion des Députations des quatre provinces catalanes existantes, les Catalans surent faire tenir, dans les articles de son règlement intérieur, les cadres tout préparés pour le Parlement qu'ils espèrent obtenir un jour.

Ce règlement organise la Mancomunitat sur la base de trois pouvoirs, dont chacun a sa sphère d'action bien définie : l'*Assemblée*, qui est « l'autorité suprême, « la représentation immédiate et intégrale de notre

« terre, avec plein pouvoir d'indiquer les orientations
« qu'elle veut que suive le Gouvernement de la Man-
« comunitat » ; le *Conseil permanent*, organe exécutif, qui observe les indications de l'Assemblée dans
leurs lignes générales ; le *Président*, représentant la
Mancomunitat.

On voit que, sous cette forme, la définition de ces
trois pouvoirs présente beaucoup de ressemblance
avec ce qui existe pour les communes dans les pays
d'autonomie communale comme la Belgique. Ici l'on
voit le Conseil communal, élu par les citoyens du
municipe, au suffrage universel, le Collège des Éche-
vins, similaire au Conseil permanent de la Mancomunitat, et le Bourgmestre, qui est le Président du Conseil et du Collège et représente la Ville.

Les Catalans ont su donner au Décret royal de 1913
l'interprétation la plus large, en concentrant dans leur
Mancomunitat les services les plus importants des
quatre provinces, voies de communication, hygiène,
enseignement ; ils établirent un système financier
usant de tous les moyens légaux pour s'assurer les ressources nécessaires et attribuèrent à l'Assemblée, qui
comprenait trente-six députés de la province de Barcelone, vingt de Gérone, vingt de Lleyda, vingt de
Tarragone, le vote du budget et des impôts, les trans-
formations et aliénations d'immeubles, la création
d'établissements d'instruction et de bienfaisance, les
plans généraux des travaux publics.

Deux sessions ordinaires par an : mai et novembre.
En cas de nécessité, des sessions extraordinaires.

L'Assemblée choisit son président ainsi que quatre vice-présidents et quatre secrétaires, dont les fonctions étaient renouvelées de deux en deux ans, après les élections provinciales. Le règlement intérieur de l'assemblée était conforme aux règlements des assemblées législatives dans les pays parlementaires.

Le Conseil permanent était un rouage des plus importants dans l'administration catalane. Il se composait du Président de la Mancomunitat et de huit conseillers élus par l'Assemblée parmi ses membres et comprenant un conseiller au moins par province. Le rôle de ce Conseil était d'exécuter les votes de l'Assemblée, de dresser le bilan des budgets, ainsi que les plans des travaux publics, de préparer les projets qui seront soumis à l'Assemblée et de diriger les services de l'administration.

Il est à signaler que les fonctions présidentielles, importantes et par leur valeur, représentative de la Catalogne, et par le rôle qui leur était dévolu dans l'Assemblée et dans le Conseil, furent confiées, durant l'existence de la Mancomunitat, à deux hommes qui font l'honneur de leur pays : ce fut d'abord E. Prat de la Riba, mort dans la force de l'âge ; conscience droite, esprit clairvoyant, publiciste, historien, sa vie fut toute de dévouement à la reconstitution de sa patrie, au milieu de difficultés de tout genre, internes et extérieures ; c'est ensuite J. Puig i Cadafalch, élu quatre fois sucessivement à ces hautes fonctions. Nous lui avons rendu hommage au début même de ce livre ; son nom est revenu et reviendra à plusieurs reprises

encore, non seulement comme grand patriote et catalaniste, mais comme architecte, comme artiste, comme
archéologue et historien de l'art.

Les bureaux de la Mancomunitat se divisaient en
trois départements : Intérieur avec Instruction publique
et Bienfaisance ; Travaux publics avec Agriculture,
Industrie et Commerce ; Finances. Chaque départe-
ment comprenait une administration générale et des
services techniques.

Les services que les Députations provinciales délé-
guèrent à la Mancomunitat furent les suivants : les
routes, chemins et ponts ; les transports (trains locaux,
tramways, canaux d'irrigation) ; les télégraphes et
téléphones ; l'administration des forêts ; l'hygiène du
bétail ; les services graphiques et statistiques ; l'entre-
tien des monuments nationaux ; l'enseignement pro-
vincial, y compris les beaux-arts et les écoles techniques ; les édifices scolaires ; la bienfaisance et
l'hygiène ; les musées, bibliothèques, archives, acadé-
mies ; l'épargne et la prévision ; l'école vétérinaire ;
les institutions de protection et d'amélioration de la
classe ouvrière ; les mines, les chasses, la pisciculture.

§ 2.

LES PROJETS D'AUTONOMIE

Avant de donner quelques exemples de l'œuvre
réalisée par la Mancomunitat, nous terminerons l'exposé des revendications tentées par les Catalans pour
obtenir leur autonomie.

La Mancomunitat, une fois établie, a été l'expression la plus haute, la voix autorisée de la Catalogne. Les membres catalanistes du Parlement espagnol, quel que soit leur parti, ont agi d'accord avec elle et n'ont cessé d'insister sur la nécessité de donner l'autonomie à la Catalogne ; l'Espagne entière en profiterait : au lieu de traîner après elle la question catalane et de s'attirer l'opposition de la région la plus active de la Péninsule, elle aurait tout à gagner à se la concilier.

Mais les Castillans continuèrent à se montrer rebelles à l'idée de l'autonomie de la Catalogne. On les accuse à Barcelone d'avoir l'esprit dominateur et orgueilleux, de se croire d'une nature supérieure, de faire travailler les autres à leur profit, de ne rien comprendre à la civilisation européenne et de se laisser gruger par quelques malins.

De leur côté, les Castillans jugent que les Catalans sont ou des marchands qui ne songent qu'à accaparer des richesses, ou des gens turbulents qui, sous prétexte de revendications démocratiques, risquent de porter atteinte à l'unité de l'Espagne : en un mot, des hommes rudes, affichant la prétention d'imposer à tous les habitants de leur territoire une langue semblable à leur caractère et qui, n'étant parlée que par eux, les isolera du reste du monde au lieu de les en rapprocher.

Ces deux points de vue sont inconciliables.

Les principaux chefs de la politique catalaniste ont toujours protesté de leur attachement à l'Espagne. Mais les extrémistes et, en général, la jeunesse et les intellectuels sont nettement séparatistes : au fond, le

Catalan aime son indépendance, voudrait rétablir sa patrie d'antan et déteste tout ce qui est castillan. Ce sentiment s'est récemment traduit, en 1922, par la formation d'un parti avancé, l'*Action catalane*, qui a racheté et transformé le journal barcelonais bien connu, *La Publicitat*. Par contre, la *Veu de Catalunya* (« La Voix de la Catalogne »), qui existe depuis 1891, reste l'organe du parti de Cambó et de la Ligue régionaliste. Dans ce dernier parti l'on rencontre des hommes politiques qui, aux prises avec les difficultés de la réalité depuis plusieurs années, voient surtout les obstacles, s'ingénient à chercher des moyens termes et se contentent de quelques concessions. Ils sont autonomistes, mais non séparatistes.

A partir de 1914, aux élections législatives aussi bien qu'aux députations provinciales et dans les communes, la *Ligue régionaliste* remporta une série de victoires aux dépens des partisans de Lerroux, dont la politique devint de plus en plus déconsidérée, et aussi au détriment des partis de gauche qui, dans l'espoir de dominer, s'étaient perdus un moment dans des alliances louches et avaient commis une série de bévues. L'histoire des partis de gauche, dans les dernières années, est très complexe, et les combinaisons entre de petites fractions sans importance n'eurent, en somme, que peu d'influence sur le développement du catalanisme.

Depuis 1914, ce fut donc la *Ligue régionaliste* qui resta la seule force politique de la Catalogne et obtint constamment de grandes majorités. Aux dernières élections « provinciales », l'*Action catalane* lui a disputé le succès (juin 1923).

Pendant la guerre mondiale, le mouvement catalaniste gagna en intensité. La destruction de vastes empires, la libération de petites nations, fortes de leurs droits historiques, la coopération de peuples autonomes se secondant et formant des groupements nouveaux : tous ces faits encouragèrent les Catalans dans leurs revendications autonomistes. Il reste, à ce propos, un document des plus curieux, comme symptome de l'esprit de l'époque ; c'est l'appel des Parlementaires régionaux au Pays, publié sous ce titre : *Pour la Catalogne et l'Espagne grande* (1916).

Ce document [1] part de la constatation de l'impuissance du Gouvernement espagnol, de sa stérilité dans les problèmes essentiels, problèmes militaire, politique, économique, colonial. Ce qu'il faudrait reviser avant tout, c'est la constitution du pays qui, depuis la centralisation castillane datant des Rois Catholiques, n'a pas su tenir compte de la vitalité de chaque région. Ce fut une injustice continuelle que la prédominance de la seule Castille, alors que les autres parties du pays avaient leurs mœurs et leur droit et méritaient de les voir respectés. Quel est le résultat de cette inégalité ? La décadence, la perte de forces considérables qui seraient devenues actives si chacune des régions naturelles de la Péninsule Ibérique avait eu son autonomie. Or, aujourd'hui, la Catalogne a pris conscience de cette situation. Elle ne veut plus subir un régime

1. Voir la *Veu de Catalunya* du 18 mars 1916.

injuste, et, d'autre part, elle désire le relèvement de tous les pays espagnols. Qu'on prenne exemple sur ces alliances étroites établies par la guerre mondiale entre plusieurs pays qui, associés dans un but commun, gardent pourtant chacun ses institutions ! Ce que veulent les Catalans, c'est une fédération entre les différentes régions de l'Espagne, chacune ayant le droit, la langue et la représentation nationale qui lui conviennent. Particulièrement pour la Catalogne, « la solution unique est une autonomie franche et complète ». Il serait inutile, de la part du pouvoir central, de s'y opposer, car il ne s'est pas vu une seule fois dans l'histoire que des forces politiques, aussi grandes qu'elles fussent, aient triomphé, dans une lutte ouverte, des forces spirituelles d'un peuple.

Poursuivant leur chemin dans la même direction, en 1918 les catalanistes organisèrent les *Semaines municipales*, réunions de magistrats communaux, ayant pour objet de faire entendre les revendications autonomistes dans toute la Catalogne. Quatre-vingt-dix-huit pour cent des conseils municipaux de Catalogne adhérèrent d'emblée. Ce fut un véritable plébiscite. On porta les résultats au siège de la Mancomunitat, le 16 novembre 1918. Cérémonie émouvante ! Le Président, J. Puig i Cadafalch, en recevant les délégués, indiqua nettement la portée de leur manifestation :

« La Catalogne a fait entendre une voix unanime ;
« elle exprime l'aspiration d'être libre et souveraine
« de son propre régime dans une grande fédération
« hispanique. Et sa parole de très haute autorité nous

« semble, à nous, non seulement être le vœu des Cata-
« lans qui vivent aujourd'hui sur notre terre, mais le
« vœu solennel et éternel de la Catalogne, qui vit bien
« plus loin que nous, dans le mystère du passé et de
« l'histoire, de cette Catalogne qui a toujours affirmé
« sa personnalité par la bouche de ses poètes, la
« plume de ses savants et le ciseau de ses artistes, qui
« l'ont sculptée dans la pierre sur des monuments
« éternels. »

Remarquons, en passant, ce mysticisme fait d'héré-
dité et de dynamisme inconscient, force cachée et profonde qui anime les peuples, ainsi que l'a mis en
lumière Gustave Le Bon.

« Ce vœu, continuait le Président Puig i Cadafalch,
« qui est le commandement de notre terre tout entière,
« a uni en une seule pensée l'ensemble grandiose de
« ses partis, dans un moment de l'histoire en lequel
« tous les peuples d'Europe saluent, dans la paix nou-
« velle, l'aurore du droit des nationalités. C'est ce qui
« en centuple l'efficacité, en ajoutant la volonté cata-
« lane à la poussée irrésistible de l'histoire vivante. »

Après cette cérémonie, qui réunit toutes les forces
vives de la Catalogne, les parlementaires catalans tinrent une séance avec le Conseil de la Mancomunitat
sous la présidence de J. Puig i Cadafalch. « Moment
décisif de l'histoire de la Catalogne », s'écriait
M. Cambó, tandis que M. Auguste Pi Sunyer, l'illustre
physiologiste, l'un des chefs des républicains nationa-
listes, insistait de son côté sur la nécessité d'agir
Donc, accord des partis. On nomma une commission

composée du Conseil de la Mancomunitat, de trois Catalans qui avaient été ministres dans le cabinet espagnol, Cambó, Ventosa et Rodés, et d'une représentation des différents partis politiques (trois républicains, un conservateur, deux traditionalistes, un libéral et un réformiste).

Il s'agissait d'étudier un projet d'autonomie intégrale et d'adresser une pétition à Madrid, au Président du Conseil des ministres. Les partis ne tardèrent pas à se mettre d'accord sur le texte du message que les membres de la Commission se chargèrent de remettre entre les mains du marquis d'Alhucemas, le 29 novembre 1918.

A Madrid, le Président du Conseil reçut la délégation avec une parfaite courtoisie, mais sans lui donner d'espoir. La question fut portée au Conseil des ministres ; ceux-ci ne purent s'entendre sur une solution. Un nouveau ministère fut constitué sous la présidence du comte de Romanonés.

Devant ces atermoiements, les délégués catalans, dont l'intention première était de ne revenir à Barcelone qu'avec une réponse précise, retournèrent chez eux et s'en remirent à leurs députés de mener la chose à bien.

Ceux-ci n'y réussirent point. Le 10 décembre 1918, M. Cambó ayant engagé le débat, M. Maura fit entendre, à l'approbation presque unanime des députés non catalans, que la question serait étudiée, mais réduite aux proportions qu'elle ne pouvait dépasser, celles d'une réforme administrative. Les députés catalans se retirèrent. Le débat fut interrompu. Grande émotion en Catalogne. Le Conseil de la Mancomunitat siège en permanence. On attend la réponse officielle de Madrid, qui arriva le 17 décembre.

Cette réponse considérait les deux aspects de la question : la demande d'autonomie et la forme à donner à cette autonomie. Pour la première, le gouvernement se déclarait prêt à proposer une autonomie qui dépendrait d'un vote du Parlement, resterait sous son contrôle et n'altérerait en rien l'unité de l'Espagne ; quant à la seconde, il faudrait, pour s'accorder, une longue étude, entreprise par tous les partis. Le gouvernement créerait une commission dite extra-parlementaire, formée de personnalités politiques importantes, avec la faculté de s'adjoindre des techniciens. Et le document se terminait par un appel à l'unité de la patrie.

Les Catalans ne se tinrent pas pour battus. Tandis que le gouvernement créait la commission extra-parlementaire chargée de l'étude des problèmes de l'autonomie, la Mancomunitat se réunissait en session extraordinaire, le 21 décembre 1918, sous la présidence de M. Romà Sol. Les députés et sénateurs catalans assistaient aux séances. En même temps, un nouveau plébiscite municipal avait eu lieu, réunissant l'adhésion de toutes les communes catalanes, aussi bien des villages perdus et presque privés de communications que des villes de quelque importance.

Malgré leur apparence de rapprochement, le point de vue du Gouvernement espagnol et celui des Catalans étaient en somme aussi distants que jamais. Pour le Gouvernement de Madrid, le problème de l'autonomie de la Catalogne n'était rien de plus qu'un cas particulier ; la tâche de la Commission extra-parlementaire était d'étudier « *les autonomies régionales* (au pluriel) et les facultés qu'il y aura lieu d'accorder aux pouvoirs régionaux ». Cette Commission se réunit à partir du 2 janvier 1919, avec promesse d'élaborer un projet de loi pour la fin du mois.

Cependant, l'assemblée de la Mancomunitat du 21 décembre 1918 adoptait à l'unanimité une *note officieuse* insistant sur la nécessité de résoudre le problème de l'autonomie de la Catalogne, tout en protestant de son attachement à la patrie espagnole et en assurant qu'une solution équitable serait des plus favorable aux progrès de l'Espagne.

Le Conseil des ministres répondit par une autre note officieuse faisant ressortir que le Gouvernement avait institué la Commission extra-parlementaire pour étudier ces problèmes, et que ceux-ci relevaient des Cortès espagnoles et non de la Mancomunitat catalane.

Mais la Commission extra-parlementaire ne plaisait guère aux Catalans. Ils savaient que ce qu'elle élaborerait ne répondrait pas à leurs vœux. Elle semblait, d'autre part, frappée d'impuissance dès ses débuts, le parti conservateur, le plus nombreux de la Chambre espagnole, s'en désintéressant totalement. Aussi les Catalans préparèrent-ils de leur côté un projet de statuts, adopté le 22 janvier 1919 par le Conseil permanent et soumis ensuite à l'Assemblée de la Mancomunitat, qui tint quatre séances, les 24 et 25 janvier, prit note des opinions des différents partis et vota finalement un projet opportuniste et très modéré, connu sous le titre de *Statut de l'autonomie de Catalogne*.

De son côté, le Gouvernement ne tarda pas à déposer un projet. Il y eut donc en présence deux projets, le *Statut de l'autonomie* et le projet gouvernemental. Nous examinerons l'un et l'autre.

Quelques mots du *Statut d'autonomie* présenté par la Mancomunitat de Catalogne. Se maintenant dans un ton modéré, il cherche à éviter d'éveiller la résistance et à amener la conciliation. Tout en revendiquant pour la Catalogne son parlement et son pouvoir exécutif, il ne va pas jusqu'au séparatisme. Au contraire, il établit un lien avec le pouvoir central et reconnaît un Gouverneur général espagnol, auquel il attribue des pouvoirs.

Pour éviter les confusions, le *Statut* énumère les fonctions qui relèveraient uniquement de la Catalogne sans qu'on puisse en appeler de ses décisions au pouvoir central. Ici, une série de principes essentiels sont affirmés, connus déjà par les *Bases de Manresa* : l'enseignement à tous les degrés et l'administration des Beaux-Arts seraient entre les mains des autorités catalanes. La langue de l'enseignement serait le catalan, mais on enseignerait aussi le castillan dans toutes les écoles primaires. La Catalogne aurait son régime propre pour les provinces et les communes, l'organisation de la justice, la propriété, les travaux publics (sauf ceux d'intérêt général), les téléphones, les services agronomique et forestier, la bienfaisance, l'hygiène, l'ordre intérieur. Le droit catalan, que l'esprit de centralisation espagnol s'efforce de détruire, resterait en usage.

Le pouvoir catalan se chargerait de l'exécution des lois de l'État. S'il voulait y introduire des modifications, un moratorium d'un an lui serait imposé afin de laisser au gouvernement central la faculté de les examiner et le droit de les rejeter.

Une chose très curieuse dans le *Statut*, c'est le système financier. Le gouvernement régional se réserverait les contributions directes, à part des exceptions d'intérêt général; en outre, le projet prévoit une balance adroitement imaginée pour régler les rapports entre l'État et la région dans la répartition d'une part de recettes à l'État, et inversement dans la fixation de la part que celui-ci aurait à assumer si la dette catalane venait à dépasser un certain niveau.

Quels seraient les droits du Gouverneur général espagnol? Il représenterait le pouvoir régulateur, comme le Roi dans les pays constitutionnels et le Président de la République en France. Il serait comme un vice-roi pour la Catalogne. Il convoquerait les Chambres, pourrait les dissoudre, sanctionnerait et publierait leurs décisions; il nommerait les ministres catalans soit parmi les parlementaires, soit en dehors d'eux, en se conformant aux indications de l'opinion publique. Sans doute les ministres seraient responsables devant les Chambres, mais dans des cas exceptionnels seulement. Pour leur gestion ordinaire et normale, ils dépendraient uniquement du Gouverneur.

Le *Statut* fait preuve, disions-nous, d'un esprit conciliateur. Mais après l'agitation de la veille, cette modération ne pouvait manquer de passer pour un signe de faiblesse aux yeux des Castillans. Ils n'écoutèrent guère les revendications catalanes. De leur côté, les extrémistes parmi les Catalans jugent que le *Statut* fait beaucoup trop de concessions.

En opposition à ce projet, le Gouvernement de Madrid rédigea de son côté une loi d'autonomie : loi aussi diffuse et bondée de détails que le *Statut* est simple, court et clair.

Le projet du Gouvernement traite, en général, d'une autonomie municipale plus large. A ce point de vue, il constitue un progrès sur la législation antérieure et cherche à établir le pouvoir communal dans un sens plus autonome : il se rapproche un peu de la législation belge qui, on le sait, doit être considérée comme un modèle en la matière.

Quant à l'association de communes ou de provinces, elle est traitée en fonction de la loi municipale. En somme, ce sont les communes qui ont le droit, conforme à la constitution, de s'associer pour des fins d'utilité publique, et rien n'empêche l'État d'accorder aux provinces un droit semblable. Comme, après cette loi, l'autonomie communale sera plus complète, une « Mancomunidad », ou association de communes ou de provinces, aurait, par le fait même, plus de facultés qu'auparavant.

Le projet n'entend pas favoriser une région plus que l'autre. Il ne cite la Catalogne que comme un exemple d'application de la loi et aussi parce qu'elle a usé déjà de l'autorisation accordée par le Décret royal de 1913. La nouvelle loi élargit ce décret et précise les attributions des associations communales et provinciales.

Néanmoins, la distance est grande entre le *Statut* des Catalans et le projet du gouvernement. Il y a des divergences sur des points fondamentaux : la langue peut servir d'exemple. Les Catalans prenaient leur langue comme langue véhiculaire de l'enseignement : des matières telles que la religion, l'histoire, la géographie seraient enseignées en catalan ; mais le castillan serait obligatoire dans les écoles primaires.

Mettons en face l'article 10 du projet gouvernemental. Il est long, difficile, sujet à controverses, mais du moins maintient-il clairement les droits du pouvoir central en matière d'enseignement : « Par rapport à l'instruction « primaire, l'État et les municipes se conformeront, en « Catalogne, aux mêmes règles, au même système et « aux mêmes conditions que dans le reste de l'Espagne. « Pour sa part... » (et ici le terme est évidemment restrictif)... « la région pourra établir et entretenir à ses « frais autant d'écoles qu'elle le jugera bon ; dans « celles-ci, les conditions normales de moralité et « d'hygiène étant, bien entendu, observées d'abord, « l'enseignement de la langue castillane sera obliga- « toire ; en matière religieuse, on aura à observer les « mêmes règles que dans les écoles soutenues par

« l'État, et l'éducation civique devra être orientée de
« manière à former des hommes qui aiment leur patrie
« tant dans la communauté municipale que dans la
« régionale et la nationale. L'État, outre qu'il entre-
« tiendra autant d'écoles et d'établissements qu'il
« le jugera convenable pour l'enseignement ou la cul-
« ture, exercera sur les écoles primaires de la région,
« comme sur celles des municipes, l'autorité néces-
« saire pour faire observer en n'importe quel moment
« les conditions mentionnées ci-dessus.

« En dehors de ce qui vient d'être prescrit pour les
« écoles primaires régionales, dans les établissements
« d'enseignement qu'entretient la région, les profes-
« seurs et les élèves — et c'est un droit pour les uns et
« les autres — pourront respectivement donner l'en-
« seignement et répondre en castillan ou en catalan. »

Il est inutile de prolonger cet examen. Les exemples
donnés auront fait comprendre l'importance du problème ainsi que ses difficultés. Au surplus, les négo-
ciations entre les Catalans et le pouvoir central au
sujet de l'autonomie de la Catalogne semblent sus-
pendues pour longtemps. Elles l'étaient déjà sous le
régime parlementaire.

D'autres questions, d'une gravité redoutable, préoccupent et la Catalogne et l'Espagne : ce sont les
conflits suraigus entre prolétariat et capitalisme; d'un
côté les syndicats révolutionnaires et, en face d'eux,
l'organisation des forces bourgeoises ayant pour but
de résister au terrorisme inauguré par ces syndicats.
Sous le régime parlementaire, ces conflits avaient pris

un caractère exceptionnel de violence dans les villes
industrielles de Catalogne. Nombre de patrons négli-
geaient le catalanisme pour sauvegarder leurs intérêts ;
de leur côté, la grande majorité des ouvriers estime
que la question catalane est chose négligeable en comparaison des problèmes sociaux ; beaucoup d'entre eux
viennent des régions voisines, Murcie, Valence, Aragon. De là une cause de faiblesse pour le catalanisme.
Ce dernier, jusqu'ici, n'a intéressé que la petite bourgeoisie, employés de commerce et d'administration,
commerçants, petits propriétaires des campagnes,
ainsi que les intellectuels et le clergé. Sauf quelques
rares exceptions, le Catalan riche s'y intéresse plus en
paroles qu'en réalité.

Dans les conflits sociaux, l'attitude du pouvoir central, du temps du régime parlementaire, n'a pas
montré de netteté. Aussi, avant le Directoire militaire,
l'instabilité allait grandissante dans les centres industriels de Catalogne. Grèves, assassinats, lock-out
patronal en réponse aux violences syndicalistes : rien
n'a manqué. On a vu à Barcelone les grèves les plus
inattendues. En juin 1923, une grève des transports,
très nuisible au commerce, avait fini par s'étendre au
service de la voirie, et l'on vit, pendant de longues
semaines, en plein été, les immondices s'accumuler en
tas à tous les carrefours ! Ni les maisons de commerce,
ni les particuliers n'osaient faire charrier quoi que ce
soit par la ville, de peur d'agressions anarchistes, que
les pouvoirs publics ne réprimaient pas.

C'est un mérite du Directoire militaire d'avoir mis

fin à cet état de choses. Quelle que soit l'opinion que l'on professe vis-à-vis de l'opportunité d'une Dictature, il faut avoir la bonne foi de le reconnaître : les violences ont pris fin, le travail se fait régulièrement et les services publics ne sont plus interrompus arbitrairement.

Sans doute, les sentiments de violence subsistent-ils chez les ouvriers barcelonais, masse irritable, ignorante, sans mesure ; à la moindre occasion ils éclateront avec brutalité. Le problème n'est pas résolu, il n'est qu'ajourné. Nul ne peut dire quelle sera l'issue du conflit. Des journaux affirment que s'il se faisait en Espagne une consultation électorale franche et non truquée, les ouvriers deviendraient les maîtres de la situation et le pays ferait à son détriment l'expérience des Soviets. Aussi beaucoup de personnes redoutent un affaiblissement du pouvoir central, par crainte de revoir les semaines tragiques et le déchaînement de masses populaires haineuses et stupides.

§ 3.

L'ŒUVRE RÉALISÉE
PAR LA MANCOMUNITAT DE CATALOGNE
DE 1914 A 1924.

Avec des ressources limitées et des pouvoirs restreints, la Mancomunitat catalane, récemment supprimée par le Directoire militaire, a réalisé une œuvre considérable, sous l'un et l'autre de ses deux présidents successifs, E. Prat de la Riba et J. Puig i Cadafalch [1]. Les questions qui ont préoccupé surtout sont l'enseignement, les moyens de communication et l'hygiène.

Les moyens de communication laissent beaucoup à désirer en Espagne. Ajoutez-y les obstacles naturels, dans un pays de hautes montagnes. La Mancomunitat a fait construire des routes vraiment modernes, alors que nombre d'anciennes routes sont devenues impraticables. Elle a doté la Catalogne d'un réseau de téléphones destiné à suppléer aux multiples défauts des réseaux antérieurs. Quant à l'hygiène, la tâche est lourde, parmi des populations méridionales peu instruites et plus négligentes que celles des pays du Nord.

En matière d'enseignement, il fallait lutter contre l'ignorance et remplacer les vieilles écoles par des écoles plus vivantes et d'une tendance plus scientifique. Un personnel enseignant, approprié à l'esprit moderne, dut être formé.

Pour donner une idée de l'ignorance de la population en Espagne, à Barcelone, ville commerciale et industrielle, port important, le nombre des illettrés atteint 40 p. 100 (chiffre certifié exact par plusieurs

---

1. On consultera les mémoires publiés par le *Mancomunitat* sous ces titres : *L'obra realitzada* (1919) et *L'obra a fer* (1920), la Collection de la *Chronique officielle* de Catalogne, les *Programmes* des Écoles techniques, et le résumé de cet ensemble paru en 1922, et dont une *édition française*, intitulée : *L'Organisation et l'Œuvre de la Mancomunitat de Catalunya*, a été publiée en 1923.

conseillers municipaux); dans certains villages, cela monte à 70 p. 100 et plus. Les gens de maison qu'on emploie sont à peu près tous illettrés totalement. L'instruction est obligatoire, selon la loi. Or, autour de chez moi, des enfants de dix ans, normaux, passent leurs journées à jouer bêtement, comme des arriérés, dans les cours des maisons, et ignorent la classe. J'ai eu l'occasion, récemment, de voir les résultats d'un examen scolaire facile auquel étaient soumis des enfants de neuf ans, normaux, pour l'admission à l'une des écoles modernes récemment fondées par l'Administration municipale de Barcelone. Ces enfants avaient suivi pendant trois ans une école primaire de l'État. Ils n'étaient pas capables d'écrire correctement sous la dictée des nombres de plus de deux chiffres et ne savaient faire que de petites opérations élémentaires sur les 100 premiers nombres. Ils griffonnaient à peu près leur prénom ; quant à écrire leur nom de famille, c'était trop leur demander. Les écoles primaires graduées sont rares, même dans les villes. Elles devraient être gratuites, légalement ; en réalité, elles ne le sont pas.

Les établissements officiels d'enseignement secondaire ne sont guère plus brillants. L'agglomération barcelonaise, pour une population d'environ un million, compte un seul lycée de l'État. L'entreprise privée supplée. Ce sont surtout les ordres religieux enseignants qui rendent d'éminents services, tels que les Pères Escolapis (ou des Écoles Pieuses), les Pères Jésuites, les Frères Maristes. La Mancomunitat et l'Administration municipale catalanes ont créé quelques écoles nouvelles. D'autres sont dues à des donations privées. Mais la tâche est lourde.

Les écoles normales de l'État ont à peine ouvert leurs portes aux méthodes scientifiques. Les futurs instituteurs en sortent insuffisamment préparés. Force a été à la Mancomunitat de créer une École Normale supérieure, déjà supprimée après quatre ans d'existence ! Les Universités elles-mêmes restent en arrière, et, pour plusieurs branches scientifiques, l'Université de l'État, à Barcelone, envoyait ses élèves aux laboratoires de l'Université Industrielle catalane.

Dans les limites resserrées où l'État la maintint, la Mancomunitat de Catalogne était parvenue à créer une œuvre d'enseignement et de culture de premier ordre et s'était placée, de ce fait, au rang des pays les mieux outillés de l'Europe. Cette œuvre, faite pour élever l'esprit du peuple catalan, englobait les corps savants réunis sous le nom d'*Institut d'Études Catalanes* ; puis un Institut de Physiologie, un Laboratoire de Psychologie expérimentale, un Service météorologique, un grand nombre de bibliothèques, une École Normale, une École Montessori, une École d'été, des Cours de culture générale et spéciale, et surtout l'Université Industrielle, une organisation magistrale de l'enseignement technique dans tous les domaines. De son côté, l'Administration municipale de Barcelone fit des efforts pour relever le niveau de l'enseignement. Peu après l'avènement du Directoire, la plupart de ces services ont été désorganisés ou anéantis.

Le centre de la vie académique, c'est l'*Institut d'Études Catalanes*, avec la belle bibliothèque qui en dépend. Fondé en 1907 par Prat de la Riba, il comprend trois sections, histoire, sciences, philologie; il réunit des Catalans éminents, savants, archéologues, historiens, écrivains, philologues et fait paraître d'importantes publications. Il a résisté jusqu'aujourd'hui à la tourmente.

La *Bibliothèque* de cet *Institut* a été fondée récemment. Son organisation est moderne, le local très bien aménagé, mais la salle de lecture est déjà trop restreinte, tant le succès a été rapide. Outre la salle de lecture et ses dépendances, elle contient une collection unique au monde, les éditions de Cervantès dans toutes les langues, sans compter de fort beaux manuscrits, confiés aux soins intelligents de M. Massó i Torrents.

La Bibliothèque est placée sous la direction de Jordi Rubió. Fils de Rubió i Lluch, l'éminent professeur cité déjà (Ch. I, § 1, I), J. Rubió est un homme d'une culture étendue, un esprit jeune et vivant, une personnalité sympathique; technicien consommé, il a publié des monographies sur sa science.

Plusieurs donations importantes ont accru le contingent de livres de la Bibliothèque de l'*Institut*; nous citerons spécialement une donation du Gouvernement français ainsi qu'un envoi considérable de livres d'histoire, de descriptions, mémoires et anecdotes historiques, dû à M. Ed. Toda, ancien consul d'Espagne, qui a réuni dans son château très bien restauré d'Escornalbou (Tarragone), de belles collections de meubles, tableaux et céramiques, et une bibliothèque étendue, presque entièrement consacrée à la « petite histoire », mémoires, biographies, anecdotes, correspondances, monographies de villes, de régions, de personnages illustres.

Tandis que l'*Institut* est dans la vieille ville, l'*Université Industrielle* (ou *Université Nouvelle*) se trouve en dehors de l'agglomération urbaine. Ses bâtiments abritaient jadis une fabrique, la plus grande du pays. De 1914 à 1924, c'était comme une petite cité que cette Université du Travail, avec ses laboratoires, ses ateliers, ses salles de cours, ses bureaux, ses jardins. Une grande activité y régnait, du temps de l'Administration catalaniste, depuis le matin jusque bien avant dans la soirée ; les cours du jour terminés, le public changeait et, vers sept heures, de nombreux ouvriers venaient s'y perfectionner après leur travail quotidien. Aujourd'hui, il y fait morne, et les bâtiments, si clairs jadis, ont pris un aspect sordide et délaissé.

Quelques mots sur l'œuvre d'enseignement réalisée par l'ancienne Mancommunauté. Dans l'un de ses premiers grands discours, en 1892, à l'Assemblée de Manresa, J. Puig i Cadafalch opposait à la culture théorique abstraite, vague et générale, usitée en Espagne, une culture concrète, ayant vue directement sur la vie, partant de la réalité observable et y revenant avec un savoir mieux informé, mieux approprié aux choses. C'est le *type de l'atelier* des artisans de la Renaissance et même l'organisation corporative du

Moyen Age qui peuvent ici nous instruire. Ce type devait servir de modèle aux différentes écoles qui constituaient l'Université Industrielle.

Ces écoles furent : l'*École élémentaire du travail*[1], précédée de Cours préparatoires : son but était de permettre aux ouvriers exerçant un métier déterminé de se perfectionner et d'acquérir des connaissances scientifiques; en 1913, lors de sa fondation, l'École comptait 286 élèves, et 1 300 en 1922 ; l'*École de chimie*, laboratoire pour études supérieures, institut de chimie appliquée, enseignement pour directeurs d'industries chimiques et pour ouvriers de ces industries; l'*Institut de mécanique et d'électricité appliquées avec École pour directeurs d'industries mécaniques*; l'*École des Arts décoratifs*; l'*École d'agriculture*, fondée en 1911, avec un service technique d'agriculture auquel on doit beaucoup pour la divulgation des méthodes nouvelles; l'*École d'industrie textile*; l'*École de tannerie*; l'*École supérieure de bibliothécaires*, aujourd'hui supprimée comme plusieurs autres; l'*École Normale supérieure*, l'*École de fonctionnaires*, l'*École d'infirmerie*, supprimées aussi ; l'*École professionnelle pour femmes*, l'*École de commerce*, enfin un laboratoire d'essais, auquel pouvaient s'adresser les particuliers qui ont à faire vérifier une machine, un procédé ou un produit.

En dehors de ce vaste ensemble, l'ancienne Mau-

---

1. Voir les *Programmes* de l'École, la revue espagnole *Industria y Economia*, 1921, 4, les articles de la *Publicitat* (17 août 1921) et du *Diario de la Feria* (28 octobre 1920).

communauté avait jeté les premières assises d'un établissement d'enseignement supérieur. Il en existait déjà plusieurs éléments : outre certains cours des Écoles de mécanique ou de chimie, l'*Institut de physiologie*, organe de l'École de biologie de Barcelone (V. Chap. III), le *Laboratoire de psychologie expérimentale*, l'*Institut de météorologie*, les *Cours monographiques*.

§ 4.

LE CONFLIT ENTRE
LES PROFESSEURS DE L'UNIVERSITÉ INDUSTRIELLE
ET LA NOUVELLE MANCOMMUNAUTÉ

(Avril 1924.)

C'est à la mi-septembre 1923 que fut institué en Espagne le Directoire militaire, sous la présidence du général Primo de Rivera. Au moment du coup d'État, le général était Gouverneur civil de Barcelone. Arrivé très jeune aux plus hauts grades, bien vu de la haute bourgeoisie de Catalogne, estimé dans l'armée, son caractère enjoué lui avait acquis beaucoup de sympathies. Il aimait le plaisir sous toutes les espèces. Cet homme eut la chance de rencontrer des circonstances favorables et de réussir, sans effusion de sang et sans vive opposition de personne. Ce qui a beaucoup surpris à l'étranger a paru tout naturel en Espagne. On s'y attendait à un coup d'État de ce genre. Les Sociétés militaires s'agitaient depuis longtemps, faisant entendre leurs récriminations. Le mécontentement créé par les politiciens était général ; le régime parlementaire s'était montré impuissant devant les questions essentielles : question marocaine, question catalane, question ouvrière. Au Parlement, il n'y avait aucune politique d'idées ; pas de partis, rien que des coteries ; pas de programmes, mais uniquement des intrigues personnelles ; pas d'idéal, mais des coalitions baroques, variables suivant les moments ; beaucoup de désordre dans l'administration et beaucoup de corruption. A l'absence d'idées et de programme chez les membres du Parlement correspondait une absence complète d'opinion publique dans le pays.

C'est une des choses qui frappe le plus l'étranger habitant l'Espagne que ce défaut d'opinion publique. En Angleterre, en France, en Belgique, l'opinion publique est particulièrement sensible. Elle se fait entendre ; on lui obéit. Il suffit parfois d'une élection partielle, bien plus, d'une campagne de presse ou de conférences pour qu'elle impose ses arrêts et châtie les maladresses d'un gouvernement. En Espagne, rien de semblable. La presse y est très inférieure à celle des autres pays d'Europe. Les communications entre les différentes parties du pays sont pénibles, souvent impraticables. Les régions de la Péninsule sont comme dispersées, indifférentes l'une à l'autre. Madrid est une ville de fonctionnaires, qui vit de tradition et de grandeur passée : superstructure sociale, sans assises ; Barcelone est une cité industrielle, enviée par Madrid pour sa prospérité matérielle, et surtout occupée d'amasser de l'argent, avide de bien-être et de plaisirs grossiers ; les Catalans tournent le dos à l'Espagne et regardent vers Paris, vers Londres, vers l'Amérique du Nord dont ils imitent certaines coutumes ; Murcie et Valence concentrent leurs intérêts sur leur commerce de fruits ; les Basques cultivent leur esprit d'entreprise et de grande banque ; le Sud de l'Espagne est mauresque, l'activité n'y est pas de mise. Aucune unité dans tout cela. Les Castillans gouvernent par routine et tâchent de conserver ce monopole, dont le souvenir d'un passé glorieux mais périmé reste le seul appui.

L'unique force effective est l'armée, et, en établissant le pouvoir dictatorial, le général Primo de Rivera traduisait les vœux de l'armée. En même temps il contentait tous ceux que les disputes stériles et la mauvaise administration des politiciens avait dégoûtés, ainsi que, dans les pays industriels comme la Catalogne, les gens qui ont besoin d'ordre et de paix sociale pour leur travail. De nombreux capitalistes de Catalogne, redoutant les menaces chaque jour grandissantes des révolutionnaires, saluèrent avec satisfaction le coup d'État de septembre 1923, et même l'ancienne Mancommunauté, entraînée par eux, fut la première à se rallier au régime nouveau.

L'on raconte que Primo de Rivera était décidé, en cas de résistance, à s'appuyer sur la Catalogne. Ce bruit, répandu en Espagne, contribua à ce que les politiciens madrilènes considérèrent toute opposition comme inutile. Mais, avec ses politiciens, ses fonctionnaires et leurs tenants et aboutissants, Madrid ne s'est jamais montrée enthousiaste du Directoire. Elle a dû le subir, comme châtiment de la mauvaise administration dont avait souffert l'Espagne par sa faute.

Pendant les premiers mois du Directoire, il n'y eut guère de froissement entre la Mancommunauté de Catalogne et le nouveau régime. Mais le Directoire ne devait pas échapper aux tendances centralisatrices qui sont dans la tradition espagnole depuis Philippe II. Une fois dans l'atmosphère de Madrid il devint centralisateur à outrance, comme la grande majorité des Espagnols. Le conflit entre cette tradition et l'esprit d'autonomie, dont nous avons étudié le développement dans la politique catalaniste, éclata à l'occasion d'une visite du Roi et du nouveau Gouvernement à l'Exposition commerciale de Barcelone, en novembre 1923. La plupart des pancartes et des annonces de cette Exposition étaient en langue catalane ; le catalan semblait prendre rang de langue officielle à côté du castillan. Le pouvoir central prit ombrage de cet accroc apparent fait au principe de la centralisation, et, dès ce jour, la lutte fut décidée contre le catalanisme sous toutes ses formes, langue, enseignement, institutions. Il fallait donc frapper d'abord la Mancommunauté catalane ou, tout au moins, en modifier l'esprit. Cette institution n'avait que des ennemis, nous l'avons vu, et des jaloux dans le reste de la Péninsule ibérique. Le Président et les Conseillers

élus par les provinces catalanes résistèrent ; ils
défendirent leur idéal, celui de leurs administrés, de
la majorité des habitants des quatre provinces catalanes. Le pouvoir central resta hostile. De plus, il
voyait avec crainte monter le mouvement extrémiste,
le Néo-Catalanisme, qui, récemment, avait célébré une
victoire électorale et ne cachait pas ses velléités séparatistes, son rêve de rétablir l'État catalan de jadis.

Pour mettre fin à ces tendances, le Directoire ne
pouvait même compter sur les catalanistes modérés,
qui commençaient à être gagnés, eux aussi, par le
séparatisme. Il se vit donc forcé de faire appel aux
adversaires les plus décidés de tout catalanisme. Or
la politique de ces derniers, faible minorité, avait
été répudiée à toutes les élections par les Catalans.
Les anti-catalanistes formaient un groupe restreint,
tiraillé par des ambitions personnelles, sans appui
dans le public, sans programme, sans hommes de
valeur. Le Directoire, évitant tout appel au corps
électoral, s'assura le concours de cette poignée
d'hommes, pleins de haine contre l'ancienne Mancommunauté et prêts aux mesures les plus violentes.

Le Directoire remplaça donc les Conseillers, élus à
plusieurs reprises à de fortes majorités, par des anti-
catalanistes, nommés d'autorité par le pouvoir central. On maintint provisoirement les anciens cadres,
on désigna un Président, un Conseil permanent, des
Conseillers chargés de représenter les provinces catalanes, pour, finalement, liquider le tout. Afin de diriger la répression du catalanisme, on eut recours à des

individus d'intellectualité médiocre ; on les chargea de détruire les œuvres d'enseignement, organisées par l'ancienne Mancommunauté au prix des plus grands efforts et considérées comme particulièrement redoutables par les nouveaux venus ! Pour aller au plus vite, on résolut de frapper la Catalogne au cerveau ; il fallait jeter le désordre parmi les intellectuels ; on visa donc l'Institut d'Études Catalanes, académie qui était comme le centre de la vie de l'esprit en Catalogne [1].

Pour y arriver, on essaya de déconsidérer la plus récente de ses créations, le Laboratoire de psychologie. Au mépris des usages de tous les pays civilisés, on prit à parti, dans un rapport publié par la presse quotidienne, son directeur, un professeur étranger, appelé tout exprès par l'ancienne Mancommunauté catalane pour organiser à Barcelone l'enseignement de la psychologie ; on lui avait garanti la stabilité de son emploi ; son enseignement et ses travaux avaient reçu la haute approbation du Président de la susdite Mancommunauté et de l'Institut d'Études Catalanes, qui en avait l'inspection ; impossible, donc, de s'attaquer à sa valeur scientifique. Et voici ce qu'on inventa : l'on reprocha à ce professeur « de travailler pour la France et pour la Sorbonne » et de suivre, de ce chef, des « directions suspectes » (!!!).

----

1. Des faits que nous résumons ici en peu de lignes, on trouve un exposé détaillé et documentaire dans une brochure intitulée *La Destitution des Professeurs de l'Université Nouvelle de Barcelone* (édition française).

De tels arguments ne sont pas faits pour surprendre en ce pays d'Espagne où les germanophiles sont nombreux et puissants. De plus, l'ancienne Mancommunauté ayant manifesté toujours son amitié pour la France, et les Catalans ayant envoyé douze mille volontaires aux alliés pendant la Grande Guerre, les nouveaux venus ne pouvaient manquer de fraterniser avec les Allemands : en janvier 1925, ils prêtèrent la plus belle salle du palais de la Mancommunauté à une Exposition du Livre allemand, et le Conseiller d'Instruction publique appela sur eux la bénédiction du ciel !

La grossièreté faite à un professeur étranger, au mépris des lois élémentaires de l'hospitalité et des convenances, irrita vivement tous ses collègues catalans : cent cinquante d'entre eux, attachés aux Écoles spéciales de l'Université Industrielle (ou Université Nouvelle), se réunirent pour protester et portèrent au Directeur du Laboratoire de psychologie une adresse qu'ils rendirent publique dans les journaux. Le Nouveau Conseil de la Mancommunauté vit dans cette démarche une manifestation de catalanisme, et exigea que les professeurs retirassent leurs signatures. Ils s'y refusèrent, préférant tous obéir au sentiment d'honneur plutôt qu'à la violence et perdre leur situation que de se soumettre à des ordres injustes. On profita de leur noble attitude pour les révoquer, pour supprimer plusieurs des Écoles techniques et changer le personnel des autres, au grand détriment de l'enseignement. Les étudiants se solidarisèrent avec leurs professeurs et l'Université Nouvelle fut abandonnée. Peu d'écoles et de rares élèves y restent encore : elle n'est plus que l'ombre de ce qu'elle était sous l'ancienne Mancommunauté.

Cependant, le mauvais coup tenté contre le Laboratoire de psychologie et, à travers ce Laboratoire, contre l'Institut d'Études Catalanes avait échoué. En dehors de l'Espagne, la réprobation fut générale envers les auteurs de l'attentat. Et, à Madrid même, de grands journaux se rangèrent du côté du corps enseignant catalan (voir le *Sol* du 4 février 1925). D'autre part, le Gouvernement étranger dont ressortissait le directeur du Laboratoire de psychologie prit vigoureusement la défense de celui-ci. Et, en France, un comité de professeurs réunit un nombre considérable de signatures, non seulement à Paris, mais un peu partout, pour flétrir la décision qui frappait les professeurs de l'Université Industrielle de Barcelone et exprimer à ceux-ci la sympathie du monde civilisé.

Rien, néanmoins, n'arrêta l'œuvre de destruction. Depuis le conflit que nous venons d'exposer, le Gouvernement espagnol édicta une nouvelle loi provinciale. Une commission fut nommée pour dissoudre la Mancommunauté catalane dont nous venons de retracer l'histoire.

Il est très difficile aux populations lésées de faire entendre leurs protestations : la censure militaire immobilise la presse ; il n'existe plus rien de la représentation nationale ; les conférences politiques sont interdites. Aussi, extérieurement, l'on croirait la Catalogne réduite au silence. L'on ne pourra constater, impartialement et objectivement, où elle en est de ses revendications que le jour où elle pourra de nouveau s'exprimer librement et faire entendre sa voix. Le problème catalan, en attendant, reste entier, et il en est de même, en Espagne, du problème social.

CHAPITRE III

LA VIE INTELLECTUELLE

§ 1.

LES SCIENCES

I. *Organismes scientifiques*. — Il serait difficile de traiter l'histoire scientifique d'un pays sans tenir compte des moyens dont les savants disposent, laboratoires, bibliothèques, associations, publications.

Quoique les événements politiques de Catalogne n'aient guère été favorables à la continuité que réclament les recherches scientifiques, le pays a toujours compté des savants notables ; l'esprit corporatif n'a pas manqué de seconder leurs efforts. Du x° siècle à la fatale année de 1714, on cite de nombreux centres de culture et d'instruction. Certains d'entre eux se reconstituèrent dans la seconde moitié du xviii° siècle[1]: en 1760, le Collège de Chirurgie,

1. Pour l'histoire des sciences en Catalogne, on consultera deux

avec enseignement des sciences ; en 1764, la Conférence physico-mathématique expérimentale, qui prit
le nom d'Académie royale de Sciences naturelles et
d'Arts, et, en 1765, l'Académie médico-pratique. La
deuxième subsista pendant l'époque contemporaine et
garda son importance jusqu'au dernier quart du
XIXe siècle. Caractéristique pour ce genre de sociétés,
elle comprenait des éléments divers, nobles, religieux,
médecins, avocats, et s'adonna à des recherches
désintéressées dans tous les domaines de l'histoire
naturelle. Le Collège de Chirurgie, de son côté, fonda
un jardin botanique, aujourd'hui disparu ; il en
existait un autre dans la famille des Salvador, les
célèbres botanistes ; du temps de la Mancommunauté
catalane, ces services étaient concentrés dans l'École
supérieure d'Agriculture, à l'Université Industrielle.

La Catalogne, même dans les siècles de décadence
politique, ne manqua jamais d'une tradition scientifique et l'on y trouva toujours des hommes qui avaient
le culte de la science. Ce n'est point ici l'endroit de
tracer une esquisse de l'histoire des sciences en
Catalogne. Nous nous bornerons à quelques exemples
typiques ; en dehors de l'illustre famille des Salvador,
nous rappellerons quelques noms intéressants. Pour
la physique d'abord : quand, en 1838, l'invention du

études remarquables : l'une, sur la période allant du Xe au
XVIIIe siècle, par Font i Sagué, *La Història de les Ciéncies naturals
a Catalunya* ; l'autre, sur l'époque contemporaine, par J.-M.
Bofill i Pichot dans *Arch. de l'Inst. des Sciences*, cinquième année,
n° 4, 1917.

télégraphe électrique, attribuée à l'Anglais Wheat-
stone, fut connue, l'Académie des Sciences de Barcelone rappela les travaux de Fr. Salva, de beaucoup
antérieurs : ce savant, dès 1795, publiait un mémoire
sur l'électricité appliquée à la télégraphie et plusieurs
autres mémoires suivirent sur cette application de
l'électricité (1800 et 1804). Pour la chimie, J. Arbós y
Tor, prêtre et chimiste, fils d'un industriel barcelonais,
se créa un laboratoire, s'adonna à la chimie appliquée ;
il fabriqua de la **teinture d'aniline** et il inventa un
mélange gazeux pour **moteurs, éclairage** et chauffage.

On pourrait continuer en montrant que les sciences
qui se rapportent à la navigation n'ont pas cessé
d'être cultivées en Catalogne, puisque c'est un Catalan,
Monturiol, qui, en 1866, inventa les sous-marins ; que
l'étude du sol et de ses aspects ainsi que l'excursion-
nisme trouvèrent, au courant du XIXe siècle, de
nombreux adeptes dans la population, cet intérêt
scientifique ayant pour effet la publication de nombreux articles sur la contrée et de guides intéressants
comme les *Guides Torres* pour les Pyrénées catalanes ;
que la météorologie fut cultivée par les savants
catalans : Teixidó fit une étude sur les tremblements
de terre en Catalogne, à une époque où seuls les
Italiens s'occupaient de sismologie ; depuis 1913, la
Catalogne possède une station de sismologie en
relation avec la station centrale de Strasbourg.
Si, à partir de 1895, elle compte un réseau météorologique important, il existait beaucoup plus ancienne-
ment des séries d'observations faites à Barcelone sur

la température. Nous rappelons, enfin, l'installation toute moderne et remarquable du Service météorologique créé par la Mancomunitat catalane et placé sous la direction de Fontséré, physicien et météorologiste.

L'esprit centralisateur espagnol s'intéressant avant tout à Madrid, Barcelone manquait de musées ; l'Académie Royale de cette ville, avec l'appui du Conseil municipal, tâcha, dès 1824, de suppléer à cette lacune. Par ailleurs, en 1878, Fr. Martorell i Peña, légua à la ville une somme importante pour ériger musée et bibliothèque. Le Musée Martorell, soutenu depuis par la Députation provinciale et la Commune, s'est développé et possède aujourd'hui l'outillage nécessaire à une grande institution scientifique.

Les Revues et Bulletins : voici quelques publications notables : le *Bulletin de l'Académie des Sciences*, la *Crónica científica* (1878-1892), le *Bulletin de l'Institution catalane d'histoire naturelle* (depuis 1901), les publications de l'*Institut Sant-Isidre* et le *Bulletin du Centre excursionniste de Catalogne* (depuis 1876) ; ce dernier a publié d'importants travaux de Cuni, Lluis M. Vidal, Bofill i Poch, Font i Sagué et Sans i Faura.

De 1914 à 1924 les services scientifiques de la Mancomunitat furent le centre le plus considérable d'activité pour les savants ; aujourd'hui ils ont leur refuge dans les sections de l'Institut d'Études Catalanes et les publications qui en dépendent. Il faut y ajouter la Société de Biologie, fondée en 1912 ; mais l'École de Biologie de Barcelone ayant une importance particulière, nous lui accorderons une place à part dans ce chapitre. Enfin, il s'est constitué récemment, grâce à l'initiative de P. Bordoy-Torrents, une Société catalane de Philosophie, annexée, elle aussi, à la Section des Sciences de l'Institut d'Études Catalanes.

Les sciences mathématiques et mécaniques sont représentées à l'Institut d'Études Catalanes par M. Terrades, qui joint à l'esprit scientifique un remarquable talent d'organisateur et se voue surtout à l'application pratique.

En nous occupant de la géographie du pays (Ch. I, § 1, II), nous avons cité F. Carreras i Candi et plusieurs de ses collaborateurs. Parmi ces derniers, il est juste de mettre en relief Font i Sagué, l'éminent géologue. La géologie compte, à l'époque contemporaine, d'illustres savants en Catalogne, et, chose curieuse, les plus célèbres d'entre eux sont des prêtres : J. Almera i Comas, Font i Sagué lui-même, et Faura i Sans, qui était à la tête du Service de la Carte géologique de la Mancomunitat.

. Au chapitre premier, nous avons cité plusieurs naturalistes, Cadevall, Codina et divers autres.

Au point de vue scientifique, une institution qui rend de grands services à la Catalogne, c'est le Collège des R. P. Jésuites de Sarrià (Barcelone), établissement merveilleux, situé au pied des montagnes, dans un séjour paisible qui domine la ville. On y trouve plusieurs laboratoires modèles, dirigés par des Pères Jésuites qui ont acquis un nom dans leurs sciences : un laboratoire de chimie, aménagé admirablement et pouvant abriter de nombreux travailleurs, sous la direction du Rév. Père Éd. Victoria ; le laboratoire de biologie du Rév. Père J. Pujiula, d'un outillage parfait, ainsi que les collections d'histoire naturelle y annexées ; le Rév. Père J. Barnola, qui le secondait dans sa tâche, est mort récemment (1925) ; de son côté le Rév. Père F.-M. Palmès, professeur de psychologie et auteur d'ouvrages estimés, a organisé, pour l'étude des fonctions mentales supérieures, un laboratoire appelé à rendre de grands services et a fondé une collection de traités techniques. Au même Collège, le Rév. Père J.-M. Valls a le soin d'un beau musée d'antiquités et de médailles, permettant d'illustrer d'exemples les cours d'histoire.

II. *Sciences biologiques*. — Nous arrivons à l'École de Biologie de Barcelone, ayant pour organe la *Société de Biologie*, fondée en 1912 sous les auspices de la Section des Sciences de l'Institut et considérée comme branche catalane de la Société de Biologie de Paris.

Le chef de l'École de Barcelone est Ramon Turró. Son nom figure au premier rang dans la pensée scientifique de notre temps. Ramon y Cajal et Ramon Turró sont les deux plus grands noms d'Espagne dans les sciences biologiques. Le goût des recherches expérimentales s'éveilla chez Turró durant les quatre années que Ramon y Cajal occupa à Barcelone la chaire d'histologie et d'anatomie pathologique (1888-1892). Turró fut alors son assistant. Sans moyens et sans aide de l'État, il créa un laboratoire rudimentaire de bactériologie dans l'ancien pigeonnier de la vieille Faculté de médecine ! Son premier travail porta sur la culture de gonococcus dans les milieux acides. Puis vint un travail sur la culture du pneumococcus dans les milieux fortement glycosés ; son procédé est universellement appliqué aujourd'hui et s'est étendu à l'investigation du streptococcus dans les eaux. Une heureuse modification apportée par Turró au tube de Buchner pour la culture des microbes constitua un autre progrès technique de réelle importance. Il exposa son procédé dans le *Centralblatt für Bakteriologie* : les Allemands ne le suivirent pas, tandis que les traités français de bactériologie le reçurent avec éloge.

Depuis le début du xxᵉ siècle, le travail le plus important publié par Turró dans cette matière est celui par lequel il établit que, dans l'immunité naturelle, prennent part des ferments procédant de tous les tissus organiques. Ce n'est pas sans difficulté que cette thèse se fit jour, en opposition aux idées dominantes, la théorie de la phagocitose de Metchnikoff et la théorie humorale. Turró publia, dans les années 1900 et suivantes, une série de travaux importants sur cette matière, dont quelques-uns en collaboration avec le Dᵣ Aug. Pi Suñer. On en trouvera l'énumération dans son livre sur les ferments de défense de l'immunité naturelle (paru en espagnol : *Los fermentos defensivos*, deuxième édition, 1920). Ajoutons-y une série d'études sur l'anaphylaxie dans le *Bulletin de la Société de Biologie de Paris* (1910-1912) en collaboration avec P. Gonzalez, et ses notes sur l'*Extraction des ferments cellulaires*, présentées à la Société de Biologie (1921).

Turró a publié une suite d'études de première importance sur la faim ; elles sont le résultat de longues expériences et d'observations minutieuses ; les premières datent de 1900 ; en 1911, il fit paraître un mémoire qui traite de l'appétit, en se fondant en partie sur les travaux de Pawlow relatifs à l'activité des glandes digestives. Dans la suite, Turró prit l'ensemble de ses recherches sur la faim comme base de son livre sur les *Origines de la Connaissance*. Ce livre parut en français, en allemand, en espagnol (trois éditions déjà) et en catalan. Ouvrage de première importance et par sa valeur scientifique et par ses inductions philosophiques. Par ses recherches biologiques Turró fut conduit à reviser certains problèmes qui intéressent à la fois la logique et la psychologie. Il étudia les conditions de la connaissance et soumit les systèmes en vogue à une critique très serrée, dirigée en majeure partie contre le kantisme et ses dérivés. Il fit sur cette question une série de leçons qui ont paru en catalan et en castillan sous le titre de *Filosofia critica* (1919).

Turró est honoré et admiré par tous les intellectuels d'Espagne. En Catalogne et à Barcelone, il est entouré de l'affection de tous ses disciples, qu'il a initiés à la technique des sciences expérimentales. Turró est un modèle de probité scientifique, de dévouement à la vérité et de droiture. Un tel homme est l'honneur de son pays. Les Catalans s'en rendent compte. Le 14 décembre 1922, à l'occasion du dixième anniversaire de la Société de Biologie, les compatriotes de R. Turró lui ont rendu un éclatant hommage de sympathie et d'admiration.

Il serait trop long d'énumérer ici les inappréciables services rendus au public de Barcelone par R. Turró, en tant que directeur du Laboratoire municipal de chimie, puis du Laboratoire municipal de bactériologie. Nous donnerons un aperçu, nécessairement très rapide et simplifié, de ses conceptions physio-psychologiques.

En étudiant la faim, le Dr Turró a établi l'existence d'une sensibilité trophique inconsciente, consistant en un appel de substances déterminées qui correspondent à ce qui manque à l'organisme ; l'organisme, en effet, par les sécrétions diverses que provoquent en lui les phénomènes vitaux, est exposé à la diminution des substances chimiques indispensables. Si ces éléments viennent à manquer, il recourt au monde extérieur, ce qui exige l'entrée en jeu de centres de coordination. Ces centres, qu'on peut appeler psycho-trophiques, sont mis en action par des impulsions qui résultent des besoins chimiques du milieu interne.

De plus, les conditions du milieu physique et la valeur nutritive des aliments entrent en compte dans ce comportement de l'organisme ; en d'autres termes, il se forme une expérience trophique.

Or, au courant de cette expérience, il se produit des associations entre les notations de la sensibilité trophique et les impressions externes qui y correspondent, c'est-à-dire les corps qui la satisfont. C'est grâce à cette expérience que nous discernons les corps. Les célèbres expériences de Pawlow ont montré comment se forment ces associations.

Dès lors, de nouvelles associations continuent toujours à se former, et d'abord, sous l'influence de l'appétit, l'association entre la représentation de la substance alimentaire et les mouvements à faire pour la saisir. Action de la sensibilité chimique inconsciente et rôle des mouvements dans l'organisation de la connaissance : voilà deux faits de première importance mis en lumière par R. Turró.

C'est donc la réaction organique qui donne naissance à la sensation. Celle-ci n'est pas un rapport abstrait, intellectualisé, entre les choses et nous. Elle est le résultat d'une élaboration active : les qualités des corps sont d'abord leur rapport à notre sensibilité trophique. Ensuite nos réactions motrices ajoutent à notre connaissance et nous suggèrent la notion de cause.

Tel est le terrain sur lequel se place encore Turró dans sa *Philosophie critique* pour combattre les philosophies rationaliste et criticiste et particulièrement les idées du cartésianisme, du kantisme et des métaphysiques subjectivistes.

Ce qui plaît chez le Dr Turró, c'est la franchise du raisonnement, c'est aussi un style personnel, précis et vivant, préférant l'exemple concret au mot abstrait, et apportant des faits et des arguments. Cette fermeté, cette bonne franchise, un peu rude parfois, sont bien adéquates au caractère de haute droiture du Dr Turró. Son œuvre réunit à la fois l'exactitude et la richesse d'information du savant, la justesse de l'expérimentation et la divination géniale d'une pensée qui trouve, sait approfondir la découverte et grouper autour d'elle les raisons qui en assurent la vérité.

Un autre représentant de l'École de Barcelone est le Dr Aug. Pi Suñer, professeur de physiologie à la Faculté de médecine, directeur de l'Institut de physiologie de la Mancomunitat, D^r *honoris causa* de l'Université de Toulouse, membre de nombreux corps savants[1], connu dans le monde scientifique, au delà des frontières d'Espagne, par ses publications, ses livres, par les communications importantes qu'il a présentées dans plusieurs congrès médicaux, par les conférences qu'il a faites en France et ses séries de leçons dans l'Amérique du Sud, à Buenos-Aires, La Plata, Córdoba et Montevideo.

Parmi ses travaux, nous citerons des recherches sur le Mécanisme de l'immunité naturelle (en collaboration avec R. Turró), les Fonctions du foie et du rein (le pouvoir antitoxique des reins, l'opothérapie rénale, la fonction fixatrice du foie), les Fonctions du pancréas, la régulation de la glycémie, la détermination quantitative du glycogène dans les tissus; une méthode physiologique de localisation des centres nerveux; une série de travaux importants sur la physiologie cardiaque (dont plusieurs en collaboration avec le Dr Bellido), la sensibilité chimique des terminaisons du

1. Voir *Crònica Oficial* de la Mancomunitat, IIe année, n° 1.

pneumo-gastrique pulmonaire ; la coordination et la
corrélation fonctionnelles dans le tube digestif ; ajoutons-y plusieurs livres importants : un *Traité de
Physiologie générale* (en collaboration avec R. Lavin,
1909) ; l'*Unité fonctionnelle* (1917) et les *Mécanismes
de corrélation physiologique* (1919, en espagnol).

Dans ces derniers ouvrages, le Dr Pi Suñer aborde
des problèmes de physio-psychologie, l'unité nerveuse,
l'unité psychique, le conscient et l'inconscient, la vie
et la connaissance. C'est précisément une des caractéristiques de l'École de Barcelone que l'étude des fonctionnements qui intéressent à la fois la vie organique
et la vie mentale. R. Turró cherche des formes d'activité psychologique jusque dans les réactions physico-
chimiques de l'organisme et ne sépare pas les origines
de la vie mentale des phénomènes biologiques. Pi Suñer
accepte cette position du problème. La question pri-
mordiale qui, à travers l'époque contemporaine, a
requis l'attention des biologistes et a donné lieu aux
hypothèses du matérialisme, de l'animisme et du vita-
lisme, la question de l'équilibre des fonctionnements
de l'être vivant, l'unité fonctionnelle, l'intéresse surtout, et il lui cherche une solution positive, s'efforçant
d'éviter l'emploi de théories préconçues et de décou-
vrir les mécanismes de coordination qui, du point de
vue expérimental, expliquent non seulement l'unité
organique, mais le sentiment qu'en a la conscience
humaine, et il essaie d'établir les rapports entre les
réactions chimiques de l'être vivant et ses réactions
associatives. Pi Suñer admet la solution de Turró

quand il écrit : « Les images primitives sont purement
« physiologiques, végétatives, nutritives. Ce n'est que
« beaucoup plus tard, par des processus de rappel,
« par des associations toujours plus nombreuses et
« plus larges, obéissant aux processus généraux de
« l'association neuro-psychique, qu'il s'établit une
« relation entre les sentiments internes, trophiques,
« viscéraux, et les résultats immédiats de l'excitation
« sensorielle. » (*Mécanismes*, p. 277.)

Le Dr J.-M. Bellido, professeur de physiologie à
Saragosse, puis à Grenade, sous-directeur de l'Institut
de physiologie de Barcelone et ancien professeur à
l'École normale de la Mancomunitat, aujourd'hui supprimée, membre de nombreuses sociétés savantes [1], a
publié de remarquables travaux, dont certains en collaboration avec le D^r Pi Suñer, sur la physiologie et
la pathologie cardiaques, les fonctions des reins, les
sécrétions internes et les ganglions sympathiques
abdominaux, l'électro-cardiographie ; il est l'auteur de
la traduction castillane du *Traité de Physiologie* de
Gley. Le Dr Bellido est un expérimentateur précis, qui
possède à fond la technique physiologique, et un
défenseur enthousiaste de la science expérimentale.
De plus, il a l'esprit ouvert à toutes les questions qui
intéressent la biologie et se préoccupe, avec l'École
de Barcelone, des rapports de la biologie à la psychologie et des résultats que peut fournir leur collaboration aux idées philosophiques.

Parmi les biologistes de l'École de Barcelone, tra-

1. *Crónica Oficial*, II, 1.

vaillant sous l'impulsion de R. Turró et d'Aug. **Pi Suñer**, il convient de nommer P. González pour ses intéressants travaux sur l'immunité, lesquels confirment les idées de Turró, et pour les services éminents qu'il rend par ses analyses au Laboratoire municipal ; Dalmau, mort il y a peu de temps, pour ses recherches sur les questions de l'immunité et de l'anaphylaxie ; Pere Domingo, qui s'est appliqué aussi à l'important problème de l'immunité ; Santiago Pi Suñer, frère du professeur Aug. Pi Suñer, pour ses expériences et ses leçons sur les fonctions des nerfs ; Carasco, pour ses travaux sur le métabolisme et ses informations sur les universités américaines ; Puché, qui, comme ce dernier, travaille à l'Institut de physiologie ; enfin le Dr E. Mira, lui aussi élève de l'École de Barcelone, actuellement directeur du Service psycho-technique de l'Institut d'orientation professionnelle.

La plupart de leurs travaux ont paru dans les Annales de la *Société de Biologie* de Barcelone.

III. *Sciences philologiques, historiques, morales.* — Ici encore, grande activité chez les Catalans. La Philologie catalane compte d'éminents représentants, tels que Fabra et Griera. L'influence de Pompeu Fabra mérite qu'on s'arrête un instant sur son œuvre. Il travaille à l'épuration et à l'unification de la langue. Quotidiennement il donne des conseils, dans la *Publicitat*, sur les formes correctes et les expressions justes. Sa *Grammaire catalane* est un modèle de pré-

cision et de science philologique. Sa tâche, il l'a définie en termes heureux : « L'idéal que nous poursui-
vons n'est pas la résurrection d'une langue médiévale,
c'est de constituer la langue moderne qui serait sortie
de notre antique langue, sans les longs siècles de
décadence littéraire et de subordination à une langue
étrangère [1] ».

A côté de la philologie catalane, l'étude des LAN-
GUES ANCIENNES compte en Catalogne de fervents
adeptes. Déjà d'élégantes traductions de différents
auteurs anciens ont paru : telles l'*Homère* de C. Riba,
le *Virgile* de Ll. Riber, le *Lucien* de Farran i Mayoral.

Ce n'est pas tout : on vient d'organiser une vaste
entreprise, ayant pour but d'incorporer l'ensemble de
la pensée antique à l'intellectualité catalane : c'est la
Fondation Bernat Metge, qui dotera la Catalogne
d'une collection complète et soignée de tous les
auteurs, poètes, philosophes, orateurs, historiens.
Elle est généreusement soutenue par Fr. Cambó,
l'illustre homme d'État, et placée sous la direction de
J. Estelrich, un jeune écrivain de grand mérite,
très apprécié dans les milieux régionalistes français,
particulièrement à Toulouse, où il a parlé de la
Renaissance catalane.

L'HISTOIRE ET LA CRITIQUE LITTÉRAIRES n'ont pas
manqué, dès l'époque romantique, de représentants
éminents en Catalogne. Nous citerons les noms de

1. Voir les pages spirituelles et vivantes de C. RIBA sur Fabra,
dans *Escolis,* p. 72 et suiv. Barcelone, 1921.

Milà i Fontanals (1818-1884)[1], une figure de premier plan dans l'histoire de la littérature et la critique en Espagne, professeur de littérature à l'Université de Barcelone; instruit des méthodes scientifiques dans l'histoire de la littérature, il introduisit en Espagne le folklore, étudia la poésie populaire et ouvrit la voie en Catalogne à l'intelligence de celle-ci; — de Marian Aguiló (1825-1897), auteur de recherches nombreuses sur le langage et la poésie populaire en Catalogne, et qui recueillit dans les campagnes d'innombrables documents pour le folklore et le lexique; de Rubió i Lluch, professeur à l'Université de Barcelone, cité à plusieurs reprises déjà, et à qui l'on doit beaucoup dans toutes les questions de culture intellectuelle catalane.

Parmi les meilleurs travaux récents, il convient de citer ceux de Massó i Torrents sur l'ancienne poésie catalane, la version catalane du Décaméron remontant au xve siècle, ainsi que sur des auteurs récents; les études de Ramon d'Alós sur d'importantes personnalités catalanes, anciennes et modernes, par exemple sur R. Lull et sur Milà i Fontanals; la *Literatura catalana* de Nicolau d'Olwer; le *Manual d'història crítica de la Literatura catalana moderna* de Montoliu; les *Noves Valors de la poesia catalana* de J. Folguera, les articles de Lleonart, les *Escolis* de C. Riba, les *Lletres*

---

1. Œuvres : *Observations sur la poésie populaire, Préliminaires au Romancerillo, Les Troubadours en Espagne, De la poésie héroïco-populaire castillane, Principes de littérature générale et espagnole.*

a una amiga estrangera de J. Farran i Mayoral ainsi que sa *Renovació del teatre*, la *Nostra expansió literària* de Joan Arus, les études de J.-M. Capdevila sur les poètes mayorquins et nombre de bons articles de la *Veu de Catalunya* et de la *Publicitat*, qu'il ne serait pas possible d'énumérer ici.

L'Histoire nationale : plusieurs collections de documents ont été publiées autrefois, la *Marca hispanica*, documents du ixe au xviie siècle publiés par les évêques français, la collection de documents du P. Carisma, celle du P. Pascual (xviie siècle) avec copie d'originaux perdus depuis; l'*Espanya Sagrada* de Floris (xviiie siècle); on peut ajouter ici les collections manuscrites comme celle de Pujades et les documents catalans de la collection Baluze (Bibl. Nat. de Paris).

Au xixe siècle, on doit à Prosper Bofarull, qui fit l'inventaire des archives de la Cour d'Aragon, un important ouvrage sur les Comtes de Barcelone (*Los Condes vindicados*), pour lequel il put consulter les Archives de Ripoll, détruites depuis lors; les travaux de Rubió i Lluch sur l'Expédition des Catalans en Grèce et sur l'Histoire de la Culture catalane au Moyen Age; les ouvrages cités déjà dans notre chapitre I, l'*Histoire de la Catalogne* de Aulestia i Pijoan, celle de Prat de la Riba, l'excellent ouvrage de F. Valls-Taberner et F. Soldevila, modèle de clarté et de bonne ordonnance, avec des documents sur l'histoire parallèle des différentes principautés catalanes au Moyen Age, des données sur la vie économique, la vie artistique, et quelques reproductions de monuments; les publications de Fr. Martorell, très au courant de tout ce qui concerne la question catalane, jadis et aujourd'hui, et que nous remercions ici des renseignements précieux qu'il a bien voulu nous transmettre; enfin, A. Rovira i Virgili, dont nous avons cité à plusieurs reprises (ch. II) le *Nationalisme catalan*, a entrepris une *Histoire de la Catalogne* en plusieurs volumes, œuvre importante par la documentation détaillée et le nombre de gravures, et qui fera pendant à la *Géographie de Catalogne* de Carreras i Candi, qui contient aussi, rappelons-le, un aperçu de l'histoire de la Catalogne.

Bosch Gimpera s'est consacré à de remarquables travaux sur la préhistoire du pays (entre autres sa *Prehistòria catalana*, 1919); on doit à J. Miret i Sans des monographies sur plusieurs régions de la Catalogne, sur l'itinéraire des rois catalans du Moyen Age, sur les anciens textes littéraires du pays, etc., tandis que l'étude des monnaies catalanes a fait l'objet d'un ouvrage en trois volumes de J. Botet i Sisó et que F. de Sagarra a publié un ouvrage important et étendu sur la sigillographie catalane.

L'étude des ORIGINES DU MOUVEMENT CATALANISTE et des revendications catalanes embrasse une littérature déjà importante. Nos lecteurs connaissent par ce qui précède les noms de Pi Margall, Valenti Almirall, Torras i Bagès, L. Duran i Ventosa, Prat de la Riba, Rovira i Virgili, auxquels il convient d'ajouter celui de A. Maséras, auteur d'un ouvrage sur le Pancatalanisme ; enfin un livre très curieux anonyme publié par la Bibliothèque des Nationalités (Lausanne) sous ce titre : *La Nation catalane*, son passé, son présent et son avenir.

Mentionnons en outre les ORATEURS POLITIQUES, parmi lesquels les noms de Cambó, Ventosa, Rahola et Puig i Cadafalch occupent le premier rang, ainsi que la collection des journaux catalanistes (*Veu de Catalunya* et *Publicitat* spécialement). Il existe aussi une organisation pour la défense et l'expansion catalanes, que dirige J. Estelrich. Ce dernier prépare, avec plusieurs autres, une *Encyclopédie du Catalanisme*, dont il a bien voulu nous communiquer des fragments. A Paris, le Foyer catalan a donné de son côté des preuves de vitalité et l'on connaît comme poète l'un de ses fervents adeptes, J.-Perez Jorba. Enfin, deux excellentes revues, de date récente, la *Revista de Catalunya* et la *Paraula Cristiana* méritent les plus grands éloges.

C'est pendant l'époque romantique, si féconde pour la Catalogne, que des écrivains, des poètes, des politiciens (Campmany, Piferrer, Quadrado, Llorente de Valence, Pi Margall) commencèrent à s'intéresser à l'HISTOIRE DE L'ARCHITECTURE de leur pays et à comprendre la valeur propre de l'art catalan. Avec Rogent, l'étude de l'art roman en Catalogne prit un tour plus scientifique ; il publia des écrits sur d'importants monuments, Ripoll, Saint-Cugat. Il ouvrit la voie à d'autres archéologues de valeur, ses fils d'abord, puis

Gallissá, Font i Gumà, Bassegoda, Claude Durán. Ce genre de recherches s'amplifia sous l'influence de Viollet-le-Duc et des Français. A l'imitation de la *Société française d'Archéologie* plusieurs associations se fondèrent en Catalogne, non seulement à Barcelone, mais dans d'autres villes aussi. Aujourd'hui l'on a exploré toute la Catalogne au point de vue architectural.

Le travail le plus remarquable d'histoire de l'architecture, couronné par l'Académie française, c'est l'*Architecture romane en Catalogne* (3 vol.) par J. Puig i Cadafalch, Ant. de Falguera et J. Goday i Casals. Cette œuvre est à placer à côté des ouvrages de premier ordre parus en France et à l'étranger. Ce qui augmente encore sa valeur, c'est qu'elle n'a pas été écrite sur commande et à la pièce, comme il arrive parfois pour les traités de cette importance, mais qu'elle s'est formée peu à peu, par un travail constant et tout personnel de ses auteurs. J. Puig i Cadafalch, depuis sa jeunesse, a aimé parcourir son beau pays de Catalogne, prenant des dessins et des photographies, relevant les détails architecturaux intéressants et s'inspirant de leur esprit pour les édifices que, comme architecte, il a construits. L'*Architecture romane* est donc l'émanation d'une pensée vivante. Outre ce grand traité, Puig i Cadafalch a écrit d'autres ouvrages sur l'histoire de son art, par exemple une étude sur le *Palais de la « Généralitat »*, une autre sur les temples d'Empuries, une autre encore, très importante, sur les Bains de Gérone et l'influence mauresque en Catalogne (*Annuaire de l'Inst. d'Ét. catal.*, V).

L'œuvre de J. Puig i Cadafalch ne se borne pas là. Sous son impulsion, la Mancomunitat catalane a organisé une collection très précieuse de reproductions et de notices portant sur tout monument ou fragment de l'art catalan.

L'Histoire de la Peinture et de la Sculpture a fait l'objet de travaux intéressants. Citons l'abbé Gudiol i Cunill, J. Puiggari, S. Sanpere i Miquel (mort en 1915), ami enthousiaste de la France et auteur de travaux historiques sur Barcelone, les coutumes catalanes au Moyen Age, la peinture catalane jusqu'au xvᵉ siècle ; Pijoan, qui, outre son excellent ouvrage sur l'Histoire générale de l'Art, a fait d'intéressantes découvertes : il a trouvé dans les miniatures d'une Bible catalane, à Rome, les mêmes motifs que dans l'ornementation du monastère de Ripoll, établissant ainsi d'étroits rapports entre la miniature et la sculpture catalane au Moyen Age ; enfin J. Folch i Torrès, l'éminent directeur des Musées de Barcelone, qui a écrit des études très appréciées sur la peinture murale catalane au Moyen Age, la céramique, les émaux, le vêtement, ainsi que sur des peintres contemporains. Il a longtemps dirigé la Feuille artistique de la *Veu de Catalunya*.

On nous pardonnera de ne pouvoir citer ici les nombreux archéologues catalans qui, comme E. Morera pour Tarragone, se livrent à l'étude des documents locaux et rendent par là de réels services aux sciences historiques.

IV. *Sciences philosophiques*. — La philosophie
compte, au courant du xixe siècle, un penseur catalan
de premier ordre, traduit en plusieurs langues, Balmès (1818-1848, auteur de l'*Art d'arriver au vrai*, *La
Philosophie fondamentale*, etc.). Il écrivit en castillan ; néanmoins, né à Vich, en plein cœur de la
Catalogne, son tour d'esprit est essentiellement catalan : peu de fioriture, un sens du concret, une persis-
tance tenace à retourner les idées sous toutes leurs
faces, à supputer leur contenu réel, leur valeur authen-
tique, à les peser, en même temps qu'un sentiment
catholique sérieux, profond et, en somme, à la fois
passionné et intellectualisé, ce qui est un trait de la
pensée catalane. La *Filosofia critica* de Turró est
écrite dans la même tonalité que Balmès, et presque
dans le même style philosophique[1].

D'après divers témoignages, le métaphysicien
Llorens a laissé chez ses disciples l'impression d'une
pensée noblement préoccupée de la recherche du
vrai. M. Serra i Hunter, professeur d'histoire de la
philosophie à l'Université de Barcelone, lui a consacré une excellente étude. Éclectique dans le sens de
Reid et des Écossais, il a eu l'incontestable mérite de
combattre l'obscure et lamentable philosophie de
Krause, qui n'avait trouvé d'adeptes qu'en Espagne
et à Bruxelles.

Actuellement, l'enseignement de la philosophie à
l'Université de Barcelone est confié à M. Serra, que

1. Nous parlerons de la pensée religieuse, dans un paragraphe
spécial, à la fin de ce chapitre.

nous venons de citer et qui initie les étudiants à la pensée des philosophes classiques, et à M. T. Carreras i Artau, qui s'est spécialisé dans la psychologie collective, après avoir étudié la philosophie du droit. Dans ses *Archives d'Ethnographie et de Folklore de Catalogne*, il réunit quantité de documents sur les coutumes, les vêtements, les traditions, les légendes, les chansons : c'est là un centre de travail autour duquel se groupent des conférenciers et des chercheurs, rassemblant une collection de faits qui intéressent la psychologie catalane.

La philosophie en Catalogne n'a pas manqué non plus de ce mélange de littérature et d'abstraction qu'on trouve ailleurs encore : genre hybride, représenté par Eug. d'Ors, qui, sous le pseudonyme de Xenius, a publié et publie encore dans divers journaux ses *glossaires* (ou réflexions détachées, portant sur les événements du jour, les questions à la mode ou les sympathies et les antipathies de leur auteur) : ce genre a trouvé auprès du public un succès éphémère et les bonnes gens, prenant les formules paradoxales et les fantaisies de cette littérature pour de l'initiation, suivent d'abord, puis se perdent et restent en chemin, leurs idées en déroute et leur esprit inquiet et mécontent.

Néanmoins, par la multitude de problèmes qu'il a soulevés, le « glossateur » catalan a amené certains esprits à réfléchir aux problèmes philosophiques. Lui-même n'a pas apporté de solution. Il semble se rapprocher des tendances d'Avenarius et de Mach : un mélange de raisonnements biologiques et de considérations sur la valeur de la connaissance, sans appui réel dans l'expérience et sans critique philosophique suffisante.

Ce qu'il y a de curieux, c'est que, dans l'œuvre de cet écrivain, il n'y a rien de spécifiquement catalan. Chez Balmès, chez Turró nous sommes frappés par un sens direct du concret, par un souci de précision, une manière réaliste et obstinée de démonter les faits afin de leur soutirer quelque vérité. Rien de semblable dans le style d'Eug. d'Ors, qui procède volontiers par images et symboles. S'il parle d'une philosophie, il est rare qu'il nous en donne une notion nette ; il préfère se livrer à des considérations d'ordre littéraire ; il danse autour du temple, mais n'y pénètre pas. Il n'apprend rien de précis à son lecteur. Il est louche et ambigu.

On trouve dans les Anthologies d'A. Plàna et de Schneeberger quelques pages d'Ors, au milieu des poètes lyriques : non qu'il soit de ceux-ci, mais parce que sa prose s'est élevée parfois au ton du lyrisme. Du même auteur, une œuvre plus exclusivement littéraire ou, exactement parlant, allégorique, qui a été beaucoup discutée ici, c'est *La Ben Plantada*. Sous ce titre, on nous montre une femme imaginaire, pleine de santé, de bon sens, de jugement idéal et équilibré. On dit que l'auteur a voulu, sous ce masque, personnifier la Catalogne. Mais il est facile de s'apercevoir que cette œuvre n'est pas faite d'éléments pris au réel, mais d'éléments littéraires. Le personnage, par sa pondération, s'apparente à certaines figures de la poésie allemande de la fin du xviiie siècle, spécialement à l'Iphigénie de Gœthe, que la traduction de Maragall a fait connaître en Catalogne. Au surplus, Gœthe est le poète qu'Eug. d'Ors admire le plus. Dès lors, l'influence, avouée ou non, est manifeste.

Parmi les générations qui suivent, certains s'intéressent à la philosophie : Farran i Mayoral, humaniste, admirateur de Platon et d'Aristote, et déjà cité pour ses études littéraires et ses traductions ; le public français le connaît par sa collaboration à la *Revue de Philosophie* ; J. Creixells, qui s'attache aux études de logistique et a écrit sur Bertrand Russell une étude qui ne manque pas de pénétration ; Xirau, qui enseigne l'histoire de la philosophie et a publié un écrit sur Leibniz ; Joaquim Carreras i Artau, esprit sérieux et solide, qui a étudié la philosophie du Moyen Age et publié un travail sur Duns Scot, tout en s'intéressant aux questions de psychologie expérimentale. Le thomisme a des représentants catalans non seulement chez les théologiens, mais en philosophie aussi : à preuve les travaux érudits et d'une pensée ferme et sérieuse de P. Bordoy-Torrents[1].

Un écrivain moraliste, doublé d'un prosateur élégant et clair, Pere Coromines, de l'Institut d'Études catalanes (section des sciences), a publié dans plusieurs

---

1. On trouvera des écrits de ce philosophe dans les *Archives de l'Inst. d'Études catalanes*, dans la revue *Quaderns d'Estudi*, dans l'*Annuaire de la Société catalane de Philosophie*, etc.

domaines des livres d'une lecture attachante. Juriste,
on lui doit une étude sur la *Souveraineté des personnes politiques* : analyse de la notion de souveraineté
dans l'École française moderne de droit public, critique de certaines thèses de l'École allemande, étude
des concepts de nation, de cité, de famille ; transfor-
mations et crises de l'État.

C'est Coromines le poète que nous entendons dans
le livre des *Grâces de l'Empordan* : « Par la clarté de
« conception, l'harmonie architecturale de la forme,
« la logique de la pensée, le réalisme de l'interpréta-
« tion de l'art et de la vie », l'âme empordanaise con-
serve la tradition des dialogues de Platon et de la
statuaire de Praxitèle ; tout y concourt, les fleuves,
les montagnes, la tradition, chansons et légendes, les
ruines des vieilles cités helléniques, et même le grand
vent, la « tramontane », qui purifie l'atmosphère et
fait paraître les lignes plus nettes, enfin la franche,
noble et forte race empordanaise, qui déteste le men-
songe, aime la vertu, et dans les yeux de laquelle se
voit le reflet d'un ciel clair de tramontane.

Les détails de ces poèmes en prose ont beaucoup
de charme, et l'on n'oublie plus ni les descriptions
des merveilles du pays et de l'art, ni les pages évoca-
trices sur les pêcheurs de corail, ni la fantaisie des
proverbes populaires, ni la saveur des mets et du vin
du pays.

La *Vida austera* du même auteur, qui vient de
paraître en traduction française[1], est un livre d'une

____
1. F. Alcan et R. Lisbonne, 1923.

grande honnêteté, plein d'expérience et de bons conseils, mais sans dogmatisme et relevé d'un sens de la plastique, d'un sentiment de beauté qui donne beaucoup de relief à la pensée. Les idées n'y sont pas présentées avec la rigueur stoïcienne ; elles se dégagent d'un texte qui unit bonté et lyrisme à une certaine sagesse pratique, pénétrée d'idéalisme.

Dans ces derniers temps, l'on a beaucoup discuté autour du style de Francesc Pujols. Poète lyrique et auteur dramatique, Pujols a publié, dans ces dernières années, nombre d'articles et d'études sur des questions philosophiques et morales. Il ne défend pas un système ou, du moins, évite la forme systématique ; il préfère l'Essai, et mêle l'humour au raisonnement, en jugeant gens et choses avec une désinvolture digne de Chesterton. Son style est un mélange de périodes habilement agencées, coupées de déroutantes incidentes et, pourtant, sa pensée se voit nettement sous ce gothique ultra-fleuri, en dépit des cassures du dessin. L'intéressant, c'est que la période de Pujols diffère essentiellement de la période oratoire ; nous y suivons les contours capricieux d'une suite de propositions en arabesques.

Pour terminer, essayons d'esquisser les traits d'une figure bien catalane, l'avocat Enric Jardi. Il fut l'un des premiers à être envoyé à l'étranger par ses concitoyens, il y a quinze ans, afin d'étudier l'organisation de l'enseignement et la mise à profit des ressources intellectuelles chez les peuples cultivés d'Europe. Il revint de là avec d'intéressants documents et un livre

sur le sociologue-philosophe Sorel : car Jardi n'a
cessé de se passionner pour les questions philosophiques et sociales. Intérieurement emporté, comme
l'est de nature le Catalan, il est arrivé à imposer à ses
impulsions une maîtrise de soi qui cherche son point
d'appui dans la réflexion concrète et positive sur les
choses et leur complexité. Ses tendances révolutionnaires du début ont fait place à un sens juste, à un
sentiment d'équité qui lui assurent l'estime et la confiance de tous ceux qui le connaissent. Il est l'âme
d'un cercle d'amis qui se réunit quotidiennement à
l'Ateneu, et dont font partie nombre d'artistes et de
poètes, des lettrés, des politiciens, des médecins, des
gens d'affaire qui s'intéressent aux questions intellectuelles.

V. *Sciences juridiques*. — Jusqu'au Décret de
Planta Nueva (1716), les Catalans se régirent selon
leur propre droit. Grande liberté individuelle, réduc-
tion au minimum de l'intervention du législateur, et,
pour les cas imprévus, recours au droit romain et au
droit ecclésiastique ; esprit d'équité dans l'interprétation, rôle considérable de la coutume : tels étaient
ses principes.

Le droit catalan resta vivace dans la population en
dépit de la centralisation et de l'enseignement univer-
sitaire, qui l'ignora depuis le commencement du
XVIIIe siècle. Avec le réveil du catalanisme, on se
remit à étudier la tradition du pays ; cette tradition,
au point de vue juridique, avait conservé une telle

vigueur que, lors de la discussion du Code civil espagnol en 1889, on fut obligé de laisser le droit catalan subsister dans son intégrité, à très peu d'exceptions près, et l'on confia à une Commission spéciale une codification des institutions catalanes susceptible de cadrer avec le droit castillan : tâche qui semble insoluble. En attendant, les juges nommés en Catalogne continuent à ignorer pour la plupart le droit catalan, et la Cour de Cassation est loin de lui être favorable[1].

Les études juridiques se sont singulièrement développées en Catalogne dans ces dernières années ; les générations nouvelles d'avocats sont formées de partisans décidés de la tradition catalane ; les sociétés les plus importantes de juristes agissent dans le même sens : tels l'*Académie de jurisprudence*, déjà ancienne, mais acquise au mouvement nouveau, le *Collège d'avocats* de Barcelone et, tout récemment fondée, l'*Union juridique catalane*, qui est un organisme de combat pour la défense du droit catalan. La Mancomunitat, de son côté, avait constitué un *Office d'Études juridiques* placé sous la direction d'un juriste éminent, auteur d'ouvrages remarquables, Fr. Maspons.

Parmi les contemporains qui ont écrit sur le droit catalan, nous citerons Joaq. Cadafalch, puis l'auteur anonyme du résumé d'un ouvrage du juriste classique

1. Sur cette importante question du droit catalan, on sera renseigné parfaitement par les deux brochures de Fr. MASPONS I ANGLASELL : *La situación jurídica de Cataluña* (1918) et *El fet de la reinvindicació jurídica catalana* (1919).

Fontanella (xviie siècle); F.-M. Falguera (auteur de conférences sur le droit catalan), Verdaguer i Callis, Duran i Bas, qui rédigea le vol. I d'un résumé de droit catalan ; ensuite divers auteurs de manuels (tel Elias i Ferrater) ; ajoutons les noms de G.-M. de Broca (recueil de dispositions juridiques), Maluquer Viladot, Puigdengolas, etc. En même temps que Prat de la Riba, qui fut un défenseur du droit catalan, on commença à publier des travaux empreints d'un sens vraiment scientifique. A ce mouvement se rattachent, outre les derniers noms cités, les travaux les plus récents de l'Académie de Jurisprudence, tels que ceux de Borrell i Soler, et les œuvres de Fr. Maspons, *Dret Familiar* (1907), avec référence aux classiques du droit catalan, ouvrage qui eut un grand succès, tant il répondait aux sentiments du pays ; *Questions civils* (1913), du même auteur, ainsi que son résumé des *Pactes Nupcials* de Fontanella.

L'Office d'Études juridiques, conçu par Prat de la Riba, ne fut constitué qu'après sa mort. C'est Fr. Maspons qui le dirige. Il a comme tâche la défense et l'illustration du droit catalan; il procède à la rédaction de ce droit ainsi qu'à des enquêtes complètes dans le pays sur des coutumes dont il publie le recueil. En même temps, le Collège des avocats fait paraître la *Revue Juridique* de Catalogne et vient d'éditer l'*Index de textes juridiques catalans* (1923), contenant pour chaque question un résumé des textes catalans avec renvoi aux sources et aux commentaires.

§ 2.

LES ARTS

I. *Architecture*. — L'on est frappé de la rapidité de développement et de l'importance de la construction dans les quartiers nouveaux de Barcelone. Deux facteurs importants, propres au pays, y ont aidé : l'habileté traditionnelle des maçons catalans, qui sont en possession de procédés sûrs pour établir des voûtes de briques, et l'existence d'importantes carrières à proximité de la ville.

Le nombre des façades de pierre est considérable dans la capitale catalane. Un trait curieux de ces façades, c'est l'abondance d'ornements et de détails, la surcharge ornementale. Il est juste d'ajouter que ces ornements présentent souvent un intérêt réel.

Les meilleurs architectes catalans ont fait preuve de grandes ressources d'idées et de réalisation. Gaudi a conçu des édifices qui n'ont rien de banal. Nous citerons comme exemples d'abord une grande maison du Passeig de Gracia, que chacun remarque, conception cyclopéenne, amas tourmenté et contourné de pierres, avec des spirales, des courbes inattendues, des aspects de temples souterrains d'Indo-Chine, le tout plaqué d'ornements végétaux en métal, qui jettent leur note rouillée sur les pierres blanches de la façade. On sent que l'artiste a voulu plier la matière à sa

fantaisie, assouplir les éléments, donner de la svel-
tesse à la pesanteur même. Son imagination géniale
s'est donné plus libre cours encore dans le plan de
l'église de la Sainte-Famille, que l'on a commencé à
construire, et qui est momentanément interrompue.
La conception, qui est grandiose, rappelle l'idée que
développe en un style prestigieux l'architecte Pierre
de Craon, l'un des personnages de *La Jeune Fille
Violaine* de Claudel. Au point de vue matériel, le
plan présente un grand intérêt et par les problèmes
d'équilibre qu'il arrive à résoudre en assurant la stabilité de murs et de tours d'une très grande hauteur
sans avoir recours aux points d'appui ni aux arcs-
boutants de l'architecture ogivale, et par l'élément
sculptural qui peuple la façade d'une forêt d'allégo-
ries, et par l'éclairage de l'ensemble et l'effet que
l'église est appelée à produire au loin.

L'architecte Domènech a construit plusieurs maisons importantes, comme celle où se trouve la salle
d'auditions musicales Izabal, ainsi que le Palais de la
Musique catalane, où il a pu donner libre cours à son
imagination. La façade est surchargée de colonnes,
de clochetons fantaisistes, d'ornements bigarrés, de
statues. L'intérieur, qui offre de bonnes qualités de
disposition et d'acoustique, étonne par une profu-
sion de détails : au plafond, d'énormes fleurs de couleur qui semblent un parterre de choux vu dans un
miroir ; le long des galeries, d'invraisemblables tire-
bouchons, parmi d'autres motifs aussi déplacés.
Encadrant la scène, des bustes lourds et, au-dessus,

des Walkyries qui menacent l'auditeur de lui chevaucher sur la tête, tandis que le pourtour de la scène est orné de femmes qui sortent à mi-corps du mur. On sent que l'effet est cherché dans une accumulation de motifs divers et dans le coloris de l'ornementation.

L'art de J. Puig i Cadafalch a une tenue autrement stricte et il se rapporte mieux à la tradition nationale de Catalogne. Nous avons vu qu'il a étudié à fond les monuments de son pays et qu'il en a pénétré le sens et la structure. Sa science sûre lui a permis de faire des reconstitutions irréprochables ; on lui doit la décoration intérieure de l'admirable Palais de la Généralité. En outre, Puig i Cadafalch a réalisé des œuvres personnelles, d'un plan original, et il a su approprier à son idée ou aux conditions de la construction et au désir de ses habitants les éléments les plus durables du roman, du gothique, des styles de la Renaissance, en cherchant à leur conserver la valeur propre qu'ils ont dans la tradition catalane. Tel le joli motif de la colonnade à l'étage supérieur, ou encore l'ornementation des portes, du pourtour des fenêtres, des grandes loggias avec une flore très riche, comme dans la dernière époque du gothique, et de nombreuses figurines. Ailleurs, dans une des grandes salles du Palais de l'Exposition, au parc de Montjuich, ce sont des éléments empruntés à l'Antiquité et à la Renaissance qui sont combinés de manière à donner une impression d'espace et de puissance à la fois.

J. Puig i Cadafalch a su aussi harmoniser des idées modernes et des éléments traditionnels, et les a fusionnés en une conception d'ensemble avec un vif sentiment d'art : c'est le cas de la maison de Mlle Isabelle Llorach. Le dehors, les toits qui se coupent avec fantaisie et donnent des perspectives différentes selon l'endroit d'où l'on regarde, n'a rien de compassé. L'intérieur offre de grands espaces, on y admire des enfilées de chambres qui ne sont pas isolées par des murs ou d'étroites portes, et donnent une impression de largeur, et une heureuse perspective. Ainsi, dès l'entrée, trois salles en prolongement l'une de l'autre, dont les premières présentent de magnifiques colonnes surmontées d'une ornementation des plus originale, et la dernière, une haute prise de lumière et un bassin, comme l'impluvium romain, se terminent par un escalier d'une boiserie remarquable, avec de beaux ornements floraux et des verrières aux fenêtres. Une autre perspective se présente dans les chambres disposées à droite, parallèlement aux précédentes. Dans ces conditions, les détails d'ornementation ressortent bien et la lumière se distribue d'une manière vivante. J. Puig i Cadafalch est un travailleur infatigable ; on reste étonné devant le nombre et la haute valeur de ses créations architecturales [1].

Parmi les architectes plus jeunes, l'un des plus remarquables semble être Nebot ; il n'appartient pas au mouvement catalaniste, mais on ne peut le passer sous silence parmi les architectes barcelonais ; il

---

1. On peut se rendre compte de son œuvre en consultant les nombreux documents réunis par le très artiste photographe barcelonais Ad. Mas.

construit, outre plusieurs maisons, un local monumental pour cinéma dans une rue importante de Barcelone. Selon l'impression que fait son art, il semble être de ces gens de bon sens qui savent admirer l'ampleur et la beauté de la façade de l'Opéra ou encore le style du Petit Palais. Ce qui domine, en effet, chez lui, ce sont des éléments qui rappellent les qualités des styles français : fenêtres claires, franchement ouvertes, colonnades discrètes, courbes larges rompant la raideur des lignes droites. Il ne cherche donc pas à renouer la tradition historique, et préfère les conceptions modernes.

II. *Sculpture.* — L'histoire de la sculpture et celle de la peinture catalanes contemporaines exigeraient un exposé détaillé, avec la caractéristique de chaque artiste et l'énumération de ses œuvres. Nous ne pourrions songer à donner place dans ce livre à une étude analytique de ce genre. Force nous est donc de procéder synthétiquement et de prendre trois artistes qui nous paraissent, pour plusieurs raisons, représentatifs des tendances actuelles de la sculpture en Catalogne : Jos. Llimona, Jos. Clarà et Henri Casanovas.

Je tiens à dire d'emblée que l'impression que j'ai gardée de ma visite à l'atelier de Llimona est inoubliable. Je crois ne pas exagérer en affirmant que Llimona appartient aux sculpteurs de premier ordre. Celui qui visite Barcelone peut déjà se faire une idée de la beauté et de la variété de son œuvre. Sur la place de l'Université, le monument au Dr Robert, qui

a pris trois ans de travail (1908-1911), est d'un intérêt
supérieur. Il est conçu pour recevoir des groupes
importants de personnages. Llimona y a représenté
des ouvriers, des gens du peuple massés autour du
protecteur de Barcelone, et chaque groupe mérite un
examen attentif : le mouvement naturel s'unit à la
beauté sculpturale et au souci de la disposition d'ensemble. Ailleurs, au Parc Municipal, c'est une statue
de femme, placée au milieu d'un bassin devant le
Musée, œuvre d'une grande perfection par l'attitude,
le rythme des lignes et l'émotion.

La statue équestre de Ramon Berenguer III sera
placée dans une rue nouvelle de la ville et, au milieu
des bâtiments de l'Exposition, le saint Georges. A
l'un des derniers salons, Llimona avait exposé un
saint Georges à cheval, les bras écartés, les yeux levés
au ciel, l'expression illuminée par la foi ; il a modifié
sa conception et donne aujourd'hui au patron de la
Catalogne une attitude moins extatique et plus com-
bative.

L'*Institut d'Études Catalanes* possède un beau
groupe studieux du grand sculpteur, et les jardins de
l'*École du Bois*, un groupe d'enfants, d'une grande
justesse et d'un naturel parfait. Voilà un ensemble
dans lequel l'ampleur décorative se marie heureusement à l'expression et à l'attitude des personnages.

Outre ces œuvres faites pour le plein air, Jos. Llimona a sculpté d'autres œuvres de moindre dimen-
sion, destinées à l'intérieur; ces dernières, dans un
marbre d'une finesse et d'une égalité parfaite, sont

d'une attirance extrême ; quelque chose de chaud et d'instinctivement sympathique va au cœur de qui les contemple : la nature humaine parle tout entière dans ces formes féminines exquises ; la distribution de la lumière sur les parties du corps qui doivent la retenir et celles qu'adoucit l'ombre en les caressant sont traitées avec un art merveilleux. On dirait que la chair est vivante, que son moindre frisson est rendu ; les mouvements sont ordonnés en des attitudes qui n'ont jamais rien de banal, et rien non plus de tourmenté, mais une élégance et une eurythmie incomparables.

L'œuvre de Jos. Llimona est très variée : chacune de ses sculptures a sa valeur spécifique. Il ne se répète pas. Non seulement il arrive à traduire le charme captivant des corps et des attitudes, mais, par ailleurs, il sait rendre l'émotion intérieure du sentiment religieux, comme dans son Christ en croix et dans ses statues de la sainte Vierge.

Enfin, ses dessins livrent au spectateur quelque chose de l'intimité de son travail ; ils diffèrent de ceux de Rodin en ce que ces derniers sont des esquisses de mouvements pris sur le vif, rehaussées de quelques taches de couleur, tandis que les dessins de Llimona sont plus finis ; il semble que l'artiste n'ait pas voulu les laisser inachevés.

Il serait souhaitable que Jos. Llimona fît une exposition intégrale de ses œuvres à Paris : ce serait une révélation pour le public français, qui sympathiserait avec le sculpteur catalan et le comprendrait bien.

J. Clarà est très connu à Paris, où il vit la majeure
partie de l'année. Deux choses frappent dans son art :
le rythme du mouvement, qui détermine les attitudes
et les lignes, et le sens du grandiose comme l'avait
au plus haut point Michel-Ange. La recherche d'un
rythme animé, d'une attitude qui donne l'impression
de la danse ou de l'élan, se traduit mieux en des
œuvres de moindres dimensions et Clarà en a créé
qui sont de petits chefs-d'œuvre dans leur genre. Ses
grandes statues trahissent souvent une préoccupation
analogue, mais leur aspect plus décoratif et aussi leur
valeur comme masse et comme matière imposent des
limites plus strictes à la recherche du mouvement.
Néanmoins, Clarà est parvenu à donner à ce dernier
genre une note personnelle, et sa grande statue de
femme destinée à figurer au milieu de l'eau est une
chose vraiment belle.

L'œuvre de Enric Casanovas est diverse : on y voit,
d'une part, des têtes d'une grâce charmante, auxquelles
le « don d'enfance » ne manque pas, même quand
l'enfance est passée ; des compositions de plus grande
envergure dans lesquelles la beauté du nu et la fermeté
de la ligne n'excluent pas une expression particulièrement marquée de chasteté ; enfin des figures qui
semblent surgir de la pierre et faire un seul tout avec
la rude matière dans laquelle elles sont taillées et conservent par là un genre d'intensité qui rappelle certaines sculptures égyptiennes. Ce qui manque à son
art, c'est un peu de chaleur. On le croirait d'une pudeur
voulue : souci quelque peu prudhommesque. Il n'y a

nulle crainte que le spectateur tombe amoureux de ses statues.

Il serait difficile de trouver des traits communs à des tempéraments aussi différents. Il est vrai, en général, que la sculpture échappe plus que les autres arts à l'influence de mouvements collectifs.

III. *Peinture.* — Gardons-nous de confondre la peinture espagnole et la peinture catalane contemporaines. Elles ne se ressemblent pas. L'Exposition des peintres espagnols, fort belle, d'ailleurs, qui eut lieu au Petit Palais en 1919, n'aurait pu rien apprendre sur les peintres catalans.

Ceux-ci ont subi avant tout l'influence des écoles françaises : c'est ce que m'affirmait avec insistance l'éminent directeur des Musées d'Art de Barcelone, J. Folch i Torrès. Cela n'implique pas que leur art ne soit qu'imitation. Non ! Mais leurs sympathies vont à l'art français et leurs relations, nulles avec Madrid, sont intimes avec Paris. Au cours du XIX° siècle, en Catalogne comme en France, il fallut aux peintres beaucoup d'effort pour apprendre à *voir juste* et se libérer des absurdités académiques et des grandes machines qui faisaient l'admiration des imbéciles. Les novateurs, ici aussi, eurent recours à des étiquettes (telles que « le réalisme »), mots dépourvus de sens aujourd'hui, et employés alors pour frapper le gros public, toujours primaire, qui vit sur quelques idées pauvres et schématiques.

C'est, en Catalogne comme en France, le paysage,

l'observation de l'éclairage, des valeurs réelles des choses, qui délivrèrent les peintres des sujets conventionnels. Marti i Alsina parut déjà comme un initiateur, mais ce fut surtout Joaquim Vayreda qui donna le ton. Le premier était un esprit ouvert aux manifestations les plus diverses de son art et un artiste honorable. Directeur de l'École des Beaux-Arts de Barcelone, il tenta quelques réformes nécessaires : ainsi il fit remplacer le vieux procédé académique de la copie par le dessin d'après plâtre et d'après nature. Il eut à lutter contre un corps professoral arriéré et peu artiste[1].

J. Vayreda (1843-1894)[2] est un paysagiste de grande valeur qui, par la vision et le choix du sujet, s'apparente à Corot. Ne devant pas vivre de son art, il put travailler librement. On le cite parfois comme un précurseur de l'impressionnisme : affirmation fausse, si l'on désigne par là l'école dont la Collection Caillebotte peut donner une idée d'ensemble. Ce qui est vrai, c'est que Vayreda peignait suivant la nature et non suivant des conventions. L'Exposition d'Art de 1922 à Barcelone, en réunissant un important ensemble de ses œuvres, nous a permis de l'étudier à l'aise. Ce qui prédomine chez lui, c'est une atmosphère un peu rêveuse, douce, enveloppée et tranquille. Les eaux, les prés, les pâtures, les vergers, sous un ciel souvent nuageux, prennent de la vie par la distribution

1. Voir J. FOLCH I TORRÈS, *El pintor Marti i Alsina*, Barcelone, 1920.
2. Consulter sur son œuvre le livre de RAFEL BENET.

de la lumière et la bonne entente des valeurs. Vayreda évite les heurts de couleurs ; il préfère la nuance, et même l'harmonisation des nuances ; il va rarement jusqu'à l'éclat. La note de vaporosité, la lumière douce d'un ciel matinal, avec son mélange de soleil et de brume transparente, revient souvent chez lui, et l'on pense malgré soi à Corot.

Ce que Vayreda a peint, ce n'est pas la Catalogne rocheuse et escarpée des environs de Barcelone, mais le pays d'Olot, dans les basses Pyrénées catalanes, contrée riche en eaux, en prairies, en vergers, en forêts. Il y a, dans son œuvre, de petits paysages d'une délicatesse et d'un charme étonnants : il semble y avoir mis le meilleur de lui-même. Ces petits tableaux étaient peints entièrement en plein air, tandis que les grandes toiles réclamaient un long travail d'atelier ; or, si justes que soient les notes et si exacte la mémoire, elles ne remplacent pas la vue directe. C'est aussi dans ses petits tableaux que Vayreda a su le mieux fixer, parmi tant de choses délicates, cette teinte rosée, d'une finesse délicieuse, qui semble se répandre du ciel sur la terre.

Parmi les contemporains de Vayreda, il en est deux qui sont bien connus, B. Mercadé (1821-1897) et M. Fortuny (1838-1878). Le premier, fortement influencé par l'étude des préraphaélites, se distingua dans de grandes compositions religieuses d'un dessin étudié et d'une ordonnance classique, mais de couleur morne ; le second, doué d'une facilité prodigieuse et favorisé par la fortune, eut beaucoup de succès quand la peinture anecdotique était en honneur. Ils n'ont, ni l'un ni l'autre, rien de spécifiquement catalan. A ces deux noms, on peut ajouter ceux du portraitiste Simo Gomez (1845-1880) et de Fr. Torras (1832-1878).

Revenons aux paysagistes. Après Vayreda, il faut citer Enric Galwey avec ses paysages de la Garriga et d'Olot. Il aime représenter des plaines terminées par des montagnes, avec des ciels aux architectures de nuages lumineux et bombés, distribuant la clarté et les ombres largement. Le sens des valeurs est juste, les plans sont fermement établis, l'atmosphère a beaucoup de transparence. La montagne est rarement traitée pour elle-même ; elle figure plutôt comme décor, tout en gardant sa massivité.

Voici un autre paysagiste d'une extraordinaire richesse de palette, Joaquim Mir. Ses tableaux sont prestigieux par la vivacité et la variété des nuances. La couleur est tout pour lui, elle exprime la vie multiple des choses, elle anime la nature, les rochers, les plantes, le ciel. Les objets sont des vibrations de couleur. Mir a su donner une splendeur singulière à la végétation, aux arbres et même aux parois de pierre au fond desquelles dort une eau dont les reflets irradient encore de la couleur.

Tel autre, par contre, comme Rusinyol, excellent peintre et écrivain estimable, qui a représenté de nombreux jardins, s'attache plus à la ligne, à la forme, à la perspective, aux éléments géométriques.

Chose curieuse ! Dans ce pays de montagnes, il est rare de trouver, parmi les tableaux, un beau paysage de montagnes. En cela, la peinture catalane suit la loi générale. Il faut cependant mentionner les paysages de montagnes de Miquel Massot. Je ne connais ce peintre que par une exposition assez complète de ses œuvres, à Barcelone, en 1921. Il m'a semblé d'une grande habileté et d'un talent souple, capable de réussir des natures mortes et des poupées douées d'expression, au même titre que des paysages. Ce qui m'a intéressé, c'est que la montagne est traitée non pas architecturalement, ce qui la dissèque et la tue, mais par blocs lumineux, ce qui lui donne de la vie et lui garde sa force imposante. Par contre, dans l'Exposition des paysages catalans, en 1921 aussi, les montagnes m'ont paru trop souvent figées et même un peu « chromo ».

Parmi les paysagistes catalans, le Musée Moderne de Barcelone[1] renferme un paysage remarquable de Colom, avec de vieux arbres, un hameau blanc, des montagnes s'estompant à l'horizon et, au-dessus, un grand ciel d'une fluidité et d'une légèreté merveilleuses; des paysages d'Ivo Pascual, d'une luminosité vive, de ton juste, et peints sans esprit de système. Voici encore Joan Llimona, dont l'œuvre frappe par le sens dramatique, la puissance des aspects de la nature, traités par blocs, d'une belle ordonnance, avec quelque chose d'imposant, qui émeut.

1. Les musées d'art de Barcelone sont sous l'excellente direction de M. Joaquim Folch i Torrès. Ils contiennent de très belles choses, telles que les peintures murales de l'époque romane en Catalogne, conservées avec tout leur éclat; on installe le Musée Moderne au Palais des Beaux-Arts. M. Guasch a bien voulu me faire les honneurs de cette installation nouvelle, qui sera parfaite.

Les portraitistes et les peintres de figures ne manquent pas non plus. C'est tout d'abord Canals, qui est arrivé à une grande perfection, aussi bien dans le rendu des traits que dans la peinture des vêtements. Tels de ses portraits de famille, comme celui des enfants de M. Plandiura (dans l'importante collection privée de ce dernier), sont de toute beauté. Tout autres les figures de Sunyer. Une « famille », récemment acquise par le Musée de Barcelone, cherche à rejoindre les primitifs, par le réalisme du détail, la fixité de l'expression, le modelé des visages. Canals et Sunyer forment l'antithèse. Le premier recourt à toutes les ressources de la peinture contemporaine ; Sunyer va à la tradition. Il n'est pas le seul. Les dernières œuvres de Francesc Gali adoptent le même système.

L'un des artistes les plus personnels de la Catalogne, un peintre de génie, celui-là, Isid. Nonell (1873-1911), a laissé une œuvre très différente de ses contemporains : il s'est attaché à représenter des mendiants, des gitanes, des être malvenus, des estropiés, des aveugles, toute la basse plèbe de la banlieue de Barcelone. Ses toiles ont de l'accent, une singulière force d'évocation. Rien de conventionnel. Pas de théorie. Nonell a beaucoup appris par lui-même, étudiant les maîtres du portrait expressif, surtout Rembrandt, Fragonard, Daumier, Forain, les Japonais. Dès 1897, il eut grand succès à Paris, mais n'y séjourna que peu et passa le reste de sa vie à Barcelone, au milieu de l'incompréhension et de l'indifférence du public.

Parmi les autres artistes, nombreux et souvent dignes d'être mentionnés, n'oublions pas Urgell et ses tableaux impressionnistes qui rendent si bien les lumières et les ombres pleines de foules animées des salles de spectacle, ainsi que, très différent de lui, Masriera, dont l'œuvre contenue a de réels mérites de composition.

Notre but n'est pas de rendre hommage à chacun des bons peintres catalans ; nous aurions trop de noms à citer, mais nous ne terminerons pas sans nommer Noguès, dont l'œuvre s'étend du tableau à la décoration intérieure, et Domènec Carles, qui a peint de beaux paysages et des fleurs d'une vie et d'un coloris remarquables. Nous avons dû nous restreindre aux *tendances* caractéristiques. Il nous reste à signaler les dessins d'Inglada, d'une élégance et d'une finesse exquises, et les très spirituelles illustrations d'Apa, qui, sous le nom de J. Sacs, écrit des chroniques pleines de bon sens.

Les Arts appliqués sont cultivés avec ardeur en Catalogne. Outre les arts qui font corps avec l'habitation (décoration et ameublement), nous en mentionnerons particulièrement trois : la ferronnerie d'art, la verrerie d'art et la joaillerie.

Le travail artistique du fer (portes, grilles, poignées, entrées de serrure, appliques, etc.) appartient aux traditions du pays. On s'en rend compte en visitant la belle collection réunie par le peintre Rusinyol dans sa maison de Sitges. Cet art est aussi cultivé aujourd'hui qu'autrefois, et une exposition récente a permis d'en admirer les produits.

Comme types du vitrier d'art, on peut citer J.-M. Gol, céramiste, ancien élève de l'École des Arts décoratifs, et O. Egill, artiste d'une grande perfection. Leurs expositions récentes (verres, coupes, vases, plats) ont obtenu un réel succès ; tous deux ont inventé des motifs ornementaux et des teintes d'une harmonie et d'une délicatesse extrêmes.

Les joailliers, réagissant contre les formes banales, popularisées par le commerce, reviennent à la conception des artisans de la Renaissance. C'est le même mouvement qu'en France avec Armand Point. Ils reprennent les formes anciennes, les diversifient, se préoccupent de donner, par la couleur des pierres qu'ils choisissent, une impression d'éclat. Ils n'hésitent pas devant les formes un peu lourdes, un peu chargées, mais ce caractère ne jure pas avec la carrure plutôt massive de nombreuses dames catalanes. Parmi les meilleurs joailliers, les noms de Mercadé, de Masriera, de Carreras et de Sunyer s'imposent.

IV. *Musique.* — Il y a des « pays sans musique », tel l'Angleterre, et d'autres où le peuple chante. La Catalogne est, par bonheur, de ceux-ci.

La Catalogne possède de fort belles chansons populaires. On sait comment se forme la chanson populaire : l'invention d'un inconnu est imitée par d'autres, en contact avec lui, et transformée par eux : œuvre vraiment *collective* qui, son *optimum* atteint, se fixe et se transmet.

La chanson populaire est, dans chaque pays, l'expression d'une manière particulière de sentir, qu'on peut appeler *nationale*. Il ne faut pas être grand connaisseur pour distinguer un air populaire russe, français, italien ou allemand. De même la musique populaire catalane a ses caractères bien nets.

Elle ne cesse pas nécessairement avec le développement de la musique savante. Au contraire, il y a de parfaits techniciens qui ont le don d'écrire de la véritable « musique populaire ». C'est affaire d'impressionnabilité et de compréhension.

Il est naturel qu'une des expressions de la conscience catalane à son réveil, — et non la moins intense, — ait été le chant. Au courant du XIXᵉ siècle, en plusieurs points de la Catalogne, d'importantes chorales se constituèrent, et il faut citer ici l'impulsion que donna au mouvement un artiste de grande énergie, Clavé. Autant que nous puissions nous rendre compte des faits à distance et par documentation, Clavé semble avoir enseigné la technique du chant d'ensemble aux chorales du pays et avoir doté celles-ci d'un répertoire de chants d'une inspiration ferme et populaire. « Si nous ne trouvons pas dans sa « musique, écrit Louis Millet[1], le lyrisme profond « d'un Schubert ou d'un Schumann, ni l'art raffiné « d'un Grieg, en échange nous y trouvons une saveur « de nature, il nous gagne par une franchise mélodi- « que et harmonique si caractéristique que, du moins

---

1. L. MILLET, *Pour notre idéal* (*Pel nostre ideal*), Barcelone, 1917, p. 305.

« pour nous, Catalans, il nous est impossible de trouver
« dans ce genre quelque chose qui satisfasse autant
« notre sentiment esthétique . »

Mais ce n'était là qu'un commencement. L'art du chant d'ensemble était destiné à prendre un développement considérable en Catalogne. Les grandes chorales mixtes (voix d'hommes, de femmes et d'enfants) y sont très nombreuses aujourd'hui. Cet épanouissement est dû avant tout à Louis Millet et à l'*Orphéon catalan.*

On ne peut parler sans émotion de Louis Millet. Simple, sérieux, sans aucune pose ; enthousiaste de son art ; *croyant*, dans la plus belle acception du terme, Millet est un esprit essentiellement religieux, et il a pour l'art le même culte que pour la religion. Il renouvelle la grande tradition des artistes catholiques du Moyen Age, pour qui l'art collabore avec la foi en un même idéal. Cette attitude établit une certaine parenté entre Millet et Vincent d'Indy. Il a fallu beaucoup d'énergie à Millet pour organiser l'Orphéon catalan, aujourd'hui « la première chorale du monde ». Chose remarquable : il a évité de tomber dans la virtuosité, dans le vide des morceaux à effet, comme tant d'excellentes corporations de chanteurs. L'on doit reconnaître que l'Orphéon catalan ne chante que de belles œuvres, simples comme les vieilles chansons du pays, ou d'une polyphonie complexe, Palestrina, Vittoria, J.-S. Bach.

Avant la fondation de l'Orphéon catalan (1891), il n'y avait de musique à Barcelone que dans les cafés.

Ce furent les auditions de chorales étrangères, à l'Exposition Universelle de Barcelone, en 1888, qui donnèrent l'idée de constituer une chorale analogue en Catalogne. L. Millet en fut le fondateur, aidé au début par Amadeu Vives, J.-E. Tort et Jos.-M. Comella. On commença avec vingt-huit choristes. Dès 1893, il y en eut cinquante. En 1895, on organisa la section d'enfants, et l'excellent musicien Francesc Pujol, disciple de Millet, seconda le maître dans le travail, chaque jour plus considérable, exigé par l'Orphéon. En 1896, ce fut le tour de la section de femmes. En 1897, il y avait cent choristes. En 1916, ils étaient deux cent trente-neuf [1].

De jour en jour, le prestige de l'Orphéon allait croissant. Dès 1895, il donnait de nombreux concerts dans diverses villes de Catalogne et dans les églises ; la même année, il collaborait avec la Chapelle nationale russe, venue à Barcelone, et dont l'influence fut considérable par son sens artiste et la perfection de ses exécutions. Dans le Midi de la France, les concerts de l'Orphéon, à partir de 1897 (Concours International de Nice), furent des triomphes.

Après avoir usé de locaux de fortune et changé souvent de lieu de réunion, la grande chorale reçut un local digne d'elle, le *Palais de la Musique catalane*, construit par l'architecte L. Domènech et inauguré en février 1908. Outre la grande salle, dont l'acoustique est parfaite, il renferme une salle de

---

1. Nous empruntons ces détails à l'*Historial de l'Orfeó català*, publié en 1916, lors du 25e anniversaire de sa fondation.

répétitions, une bibliothèque, diverses salles pour l'administration. L'Orphéon publie un bulletin, la *Revista musical catalana*, fondée en 1903.

Les exécutions de l'Orphéon catalan sont d'une très grande perfection. L'on a pu s'en convaincre à Paris, lors des auditions qu'il donna, en 1914, au Théâtre des Champs-Élysées et au Trocadéro ; ces auditions furent triomphales pour Millet et ses chanteurs. Ce succès s'est renouvelé en 1925 à Rome, à l'occasion des cérémonies de l'Année Sainte. Millet a expliqué à plusieurs reprises comment il entend l'interprétation chorale. Selon lui [1], le but de cette interprétation n'est ni l'effet brillant ni l'exécution de difficultés techniques, mais la tenue dans l'expression, le rendu exact de l'émotion, avec tout le nuancé qui la traduit. Il faut que chacun se rende compte de ce qu'il chante et que l'ensemble donne un sentiment d'harmonie et de plénitude. L'*Orphéon catalan* est parvenu à réaliser ce programme, grâce au noble idéal de Millet, à sa persévérance, à ses collaborateurs dévoués, à l'abnégation des chanteurs qui, après leur journée de travail, viennent étudier à l'*Orphéon* et y reçoivent l'éducation musicale indispensable : ils ne reculent pas devant les études préparatoires et les répétitions qu'exige une exécution modèle. Aussi peuvent-ils sans crainte s'attaquer aux œuvres les plus

---

1. Conscient de son art, Millet a écrit de nombreuses études sur la musique : elles ont paru en volume sous le titre *Pel nostre Ideal* (1917). Il faut y ajouter diverses conférences et écrits, tels que la *Cançó popular catalana*.

difficiles. Voici trois ans que, pendant le Carême, Millet fait entendre la *Passion selon saint Mathieu* de Bach. Avec l'orgue de sa grande salle, l'excellent orchestre des *Amis de la Musique*, des solistes bien stylés et l'*Orphéon*, il donne de cette œuvre des auditions merveilleuses, les plus vivantes et les plus justes que j'aie jamais entendues ; aussi attirent-elles une foule si considérable qu'il doit les répéter pour contenter toutes les demandes.

L'*Orphéon* a, jusqu'ici, exécuté de nombreuses œuvres, soit avec orchestre, soit *a capella* [1]. Nous extrayons de cette longue et glorieuse liste, outre la *Passion*, que nous venons de nommer, la grande messe en *si* mineur et le *Magnificat* de Bach, la messe de *Requiem* et l'*Enfance du Christ* de Berlioz, les *Saisons*, de Haydn, le *Requiem* de Mozart, l'*Oratorio* de Lamote de Grignon, les scènes chorales du *Parsifal*. Puis, quantité de chansons populaires et d'œuvres chorales d'auteurs catalans, de Millet lui-même avec son émouvant *Cant de la Senyera* (le *Chant de la Bannière*), de Francesc Pujol, Clavé, Manen, Morera, Nicolau, Romeu, Garreta ; un répertoire très complet d'œuvres religieuses anciennes (Vittoria, Palestrina, Joaquim des Prés, Roland de Lassus, Lully, et modernes (C. Franck, Millet, Pedrell, Palau, Romeu, etc.)

Le rôle de l'*Orphéon* dans l'expansion du sentiment national catalan est considérable. Il a donné son expression à la forme musicale de ce sentiment ; il

1. On en trouve la liste dans le *Memorial* déjà cité.

a permis à des compositeurs nouveaux de se faire
entendre du peuple. Il a suscité la formation de nombreuses chorales mixtes dans des centres importants
du pays : la Catalogne compte une centaine d'or-
phéons. Ces chorales s'inspirent toutes des principes
de Millet et plusieurs d'entre elles méritent les plus
grands éloges.

Outre ses chansons populaires, la Catalogne possède
une danse populaire très ancienne, la *Sardane*. La
sardane est une ronde, mais non une ronde arbitraire :
les pas sont réglés ; de plus, les danseurs doivent prê-
ter grande attention à la forme rythmique de la phrase
musicale et se diriger d'après elle pour savoir comment doit se mouvoir le cercle, jusqu'à quel point il
doit tourner puis revenir sur ses pas, pour qu'avec la
fin de la période musicale chacun soit revenu à son
point de départ. Les pas sont gracieux et d'un rythme
intéressant.

La ronde de la sardane est accompagnée par un
orchestre de onze musiciens, formant ce qu'on appelle
une *cobla* ; certains instruments se rapprochent de
ceux de l'harmonie ordinaire, d'autres en diffèrent
complètement par leur sonorité. En général, la cobla
joue avec beaucoup d'éclat ; elle est adaptée au plein
air, à une atmosphère limpide et ensoleillée ; dans une
salle, elle fait un effet étourdissant.

La sardane, dé genre adapté à la danse, est devenue
un genre de poème symphonique, chez certains compositeurs. Il y a donc des sardanes non dansées, qui
sont exécutées soit par une cobla, soit par l'orchestre

symphonique, soit même *a capella* par une chorale :
l'*Orphéon catalan* chante d'admirables sardanes chorales de Morera (*Les Feuilles sèches*, par ex.) : ici le
style et le plan de la sardane dansée subsistent, et aussi
le ton populaire. Francesc Pujol a écrit des sardanes
exécutées à la fois par trois *cobles* et par l'*Orphéon
catalan* : œuvres de grande envergure, comme son
Chant de mai, chant d'allégresse, d'un éclat et d'un
coloris extraordinaires.

Outre la sardane, on cherche à reconstituer une
autre danse catalane très ancienne, le *Contrapas*, d'un
mouvement analogue à celui de la sardane, et qui était
chanté sur des paroles empruntées au texte des Évangiles.

Dans les dernières années, les auditions musicales
se sont multipliées à Barcelone. Il faut citer d'abord
ce qu'a réalisé Lamote de Grignon. Son *Orchestre
symphonique* interprète les œuvres classiques et les
modernes. La science et la direction de l'orchestre est
remarquable chez Lamote. Il conduit avec précision
et autorité. Il a fait beaucoup pour l'éducation musicale du pays, donnant la série des Symphonies de
Beethoven, par exemple, ou encore multipliant les
auditions d'œuvres espagnoles et catalanes et *faisant
à la musique française la place qu'elle mérite*.

Je souligne ces derniers mots, car, à Barcelone, on
connaît mal la musique française. Or, proclamons-le
très haut, depuis les dernières années du XIXe siècle,
c'est la France qui a hérité de la tradition musicale
classique ; c'est elle qui a donné les œuvres les plus

originales ; fidèle à la tradition, elle a su renouveler l'art musical sans tomber dans l'abus des moyens et la lourdeur d'un Richard Strauss.

Lamote de Grignon dirige aussi la *Musique municipale* de Barcelone, harmonie nombreuse et de premier ordre. Dans les expositions, dans les cérémonies officielles, sur la place publique, elle fait entendre des transcriptions d'œuvres classiques ou modernes, une symphonie de Beethoven ou de Dvorak, une page célèbre de Bizet ou de Wagner.

Plusieurs sociétés de concerts se sont constituées encore : les plus connues sont la *Société de musique de chambre* et les *Amis de la musique*, qui partagent leurs programmes entre la musique de chambre et de belles exécutions symphoniques dirigées par Francesc Pujol.

Tout récemment l'illustre violoncelliste Casals a fondé à Barcelone un orchestre symphonique qui, en peu de temps, est arrivé à une rare perfection. Plusieurs de ses chefs de pupitre sont des solistes. Le sens musical parfait et l'intelligence de la pensée des maîtres, que chacun admire chez Casals, lui sont venus en aide et, parmi les auditions les plus remarquables de son orchestre, il faut placer hors pair la *VIIIe Symphonie* de Beethoven et l'*Inachevée* de Schubert. Si, du moins, il nous épargnait cet affreux Strauss, dont l'influence ne peut être que détestable sur les Catalans, et voulait éduquer le public encore mal dégrossi à apprécier, d'une part, les symphonistes russes, de l'autre, les d'Indy, les Magnard, les Guy-

Ropartz, les Debussy, les Dukas, les Roussel, il aurait bien mérité de l'art musical et de son pays[1].

L'inspiration des compositeurs catalans procède des traditions musicales du pays, tout en acceptant les influences de la musique allemande et, parfois, du développement récent de la musique française. Attachons-nous à ce qu'elle nous apporte d'essentiellement catalan. Aux noms de Millet et de Pujol, ajoutons l'œuvre de Lamote de Grignon, chansons catalanes, sardanes, œuvres symphoniques, d'une belle probité et d'une orchestration sûre ; Garreta, horloger et compositeur, tout en sachant user de toutes les ressources de l'orchestre, n'en abuse pas et préfère se laisser guider par un sens exact des valeurs et des nuances ; J. Manen, violoniste et compositeur, est nettement catalan par son art ; Morera excelle dans le genre populaire et national, comme la sardane ; Toldrà, violoniste, compositeur et poète, tout jeune encore, a écrit des pages remarquables, suite pour orchestre, sardanes, œuvres pour piano et violon.

Nicolau et Romeu sont admirés comme musiciens typiques pour la Catalogne. Du premier, l'*Orphéon catalan* a fait connaître des œuvres pour chœur et orchestre et des chansons du pays. Il a composé des

1. Il serait difficile de parler du théâtre d'Opéra. Le *Liceo* (grand théâtre de Barcelone) n'a rien d'original ni de catalan. On y entend des troupes étrangères ou même des opéras chantés en plusieurs langues, ce qui fait penser à un congrès de philologie plutôt qu'à une œuvre d'art. Le public y est bruyant, sans respect. Mettons hors pair les exécutions d'opéras russes sous la direction de Serge Koussewitzky. Le reste est des plus médiocre.

œuvres d'un sentiment religieux profond, en prenant pour texte des poésies de Verdaguer. Millet écrit, à propos de son *Captant* (le Mendiant), une scène de la vie de saint Joseph et de la sainte Vierge, que c'est là une œuvre capitale qui « peut affronter la comparaison avec l'art le plus noble et élevé de nos jours ; et dans n'importe quelle comparaison, elle restera comme une œuvre étonnante d'inspiration personnelle et de physionomie catalane bien caractéristique, faisant foi de notre renaissance de l'art musical. Elle a la sincérité, la sobriété et la solidité, qualités inhérentes à toutes les œuvres intellectuelles et capitales de l'art catalan de toute époque [1]. »

Louis Romeu, prêtre et organiste de la cathédrale de Vich, a, de son côté, écrit des œuvres de style populaire catalan et de caractère religieux. Millet, excellent juge en la matière, considère son *Ave Maria* pour voix haute et orgue comme un « modèle de musique religieuse moderne ». Dans la *Messe* qu'il a composée pour le centenaire de Balmès, il a eu l'idée féconde de combiner les voix du peuple et celles du chant sacré ; il recourt au chant grégorien, tout en conservant une liberté très grande dans l'écriture.

N'omettons pas non plus le nom de Pedrell, mort récemment. Il aimait la musique populaire et en a recueilli de nombreuses productions. On ne peut contester le sérieux de son art. Doué de bon sens et, semble-t-il, d'une connaissance approfondie des maîtres, il se tint, dirait-on, à mi-côte, comme s'il voulait évi-

---

1. MILLET, *Pel nostre Ideal*, p. 111, et *Rev. Mus. Cat.*, janv. 1905.

ter les entraînements d'une sensibilité musicale trop neuve et, d'autre part, tirer parti de l'enrichissement de la technique moderne. Il m'est difficile de juger avec objectivité, n'ayant pas étudié suffisamment par moi-même l'œuvre de Pedrell. Mais je dois avouer qu'un important fragment, exécuté dans d'excellentes conditions, m'a paru presque aussi ennuyeux que du Saint-Saëns. Plusieurs artistes ont eu la même impression que moi.

Avant de quitter les musiciens, il est juste de dire quelques mots de J. Llongueras. Il a introduit à Barcelone la gymnastique rythmique préconisée par Jaques-Dalcroze et y dirige une école consacrée à cet art. Professeur savant et enthousiaste à la fois, il veille au culte des maîtres. Écrivain et critique musical, ses jugements sont fondés ; il sait distinguer les jeunes talents et les encourager. Llongueras a le feu sacré. Son influence est salutaire.

Enfin, parmi les théoriciens et historiens de la musique, surtout de la musique religieuse médiévale, il ne serait pas permis d'omettre le nom du savant bénédictin Gregori Sunyol, du monastère de Montserrat, suffisamment connu et reconnu de tous ceux qui s'intéressent à l'art du plain-chant.

§ 3.

LA LITTÉRATURE

I. Nous avons eu l'occasion de signaler le premier renouveau de la langue littéraire : l'*Ode* d'Aribau et

les poésies de Rubió i Ors. L'importance grandissante
des recherches historiques, certaines œuvres littéraires qui, comme celles de W. Scott, évoquaient
puissamment le passé, réveillèrent dans l'âme catalane
des sentiments qui y étaient à l'état latent [1].

Il ne faudrait pas croire, cependant, que l'avènement
de la poésie catalane eut lieu du jour au lendemain. A
l'époque où Rubió i Ors publiait ses poésies sous le
nom du « Ménétrier du Llobregat », les meilleurs écrivains de Catalogne usaient du castillan, et certains
considéraient le catalan comme un dialecte fini et
sans avenir. D'autres, comme Piferrer, tournant le

1. Parmi les travaux d'ensemble sur la littérature catalane, d'Aribau à Verdaguer, on consultera avec profit les écrits de Rubió i
Lluch, particulièrement sa *Préface* au tome IV des *Œuvres* de
Rubió i Ors ; — l'étude très étendue consacrée par Savine en
tête de sa traduction de l'*Atlantide* de Verdaguer (Paris, 1884) et
le vol. I du remarquable *Manuel* de Montoliu (Barcelona, 1922).
Une observation à propos de ce dernier. Je me permets ici de
relever une erreur au sujet du romantisme français. L'auteur
blâme avec raison le romantisme déclamatoire, plein de rhétorique et de mauvais goût. Or, il n'existe guère que dans certains
drames de Hugo. Mais ne faut-il pas lui pardonner en raison des
admirables recueils lyriques, contemporains de ses drames, *Les
Feuilles d'automne*, *Les Voix intérieures*, *Les Rayons et les
Ombres* ? Où Montoliu voit-il, ailleurs, dans la littérature française, cette rhétorique du romantisme qu'il dénonce avec raison
chez les Espagnols ? Ce n'est pas chez Lamartine, à coup sûr, ni
chez Musset, si direct, si prenant ; ce n'est pas chez A. de Vigny,
dont les vers sont si contenus, si intimes qu'ils perdent à être lus
à haute voix et exigent le recueillement; ce n'est pas chez Gautier,
épris de la forme et de la beauté plastique, ni chez de petits
romantiques, comme cet exquis Gaspard de la Nuit. Par contre,
prenez la ballade allemande, et vous y trouverez la rhétorique du
romantisme s'étalant en plein. Heureusement que les Catalans

dos au sentiment catalan, imitaient les Allemands ; de
là, des œuvres sans inspiration. Malgré les Piferrer et
les Carbó, la Ballade allemande n'aurait pu s'acclimater en Catalogne. N'est-il pas ridicule, au surplus,
d'appeler *ballade* ce genre de poésie dont le *Plongeur*
et le *Gant* de Schiller ou encore la *Malédiction du
Barde* de Uhland sont des exemples célèbres ? Le nom
de *ballade* ne devrait s'appliquer, en prenant Villon
pour exemple, qu'à un genre de poème de forme vraiment parfaite et strictement définie, de pensée vive,
incisive parfois, de sentiment touchant, direct, et de
fantaisie charmante, comme l'a fait Banville. Le ger-
manisme ne saurait s'acclimater en Catalogne. N'oublions pas que, pour Balmès, le rationalisme allemand
était odieux, et que, de nos jours, Turró n'épargne
guère Kant et les post-kantiens.

La part utile de Piferrer et de ses contemporains a
été l'étude de la poésie populaire. Les plus grands
services ont été rendus en cette matière par Mila i
Fontanals (1818-1884), critique littéraire remarquable,
historien bien informé de la littérature des pays
d'Espagne et de Provence, qui fut gagné par le mou-

---

n'auraient su évoquer les fantômes brumeux qui encombrent les
poètes du Nord. Si Montoliu désire un exemple de poésie déclamatoire et d'un moralisme faux, qu'il cite ce pauvre Schiller, que
Nietzsche avait si bien défini : « Der Moral-Trompeter von
Saekkingen, » ... c'est-à-dire le faux sentimentalisme et le mauvais
goût du Trompeter von Saekkingen, si populaire en Allemagne,
joint à la fausse prédication morale : le contre-pied de la poésie
catalane.

vement catalaniste et finit par écrire en catalan des poésies bien faites mais peu inspirées.

Il fallut donc au propagandiste infatigable qu'était Rubio i Ors une foi profonde et une grande énergie pour relever le catalan littéraire. Il fut secondé dans sa tâche par divers bons poètes, la plupart de l'île de Majorque : Tomàs Aguiló, Marian Aguiló, Miquel-Victoria Amèr, Guillem Forteza, Jeroni Rosselló, J.-L. Pons.

Les difficultés venaient de ce que le catalan littéraire était oublié. Il fallait le reconstituer. En réalité, les Catalans n'avaient pas de moyen d'expression. Car ceux qui s'efforçaient d'écrire en langue castillane, les Piferrer, les Cabanyes, les Milà, les Carbó, les Quadrado, se livraient à un travail ardu et ne recevaient guère, pour prix de leur peine, que les critiques de leurs confrères espagnols. D'autre part, Rubio i Ors et ceux qui répondaient à son appel se trouvaient en présence d'une langue abandonnée.

Il fallait donc puiser aux sources vives du catalan : le langage populaire et la tradition. On le fit avec hésitation d'abord, en consultant les écrivains de la décadence au lieu de remonter hardiment à la belle époque. Puis, les sceptiques ne manquaient pas. On se ralliait mal au mouvement.

L'attention publique fut réveillée lors du rétablissement des *Jeux Floraux* (1859). L'étude du passé portait ses fruits. On revenait à la tradition des troubadours. Les Jeux Floraux mirent en lumière la valeur littéraire de la langue catalane, groupèrent les forces éparses, encouragèrent les poètes en leur procurant une tribune. C'est là aussi que se précisa le sentiment de la patrie catalane et que l'on commença à raviver le glorieux passé du pays, à l'animer d'idées actuelles.

Enfin, les Jeux Floraux donnèrent aux Catalans l'occasion de fraterniser avec les poètes provençaux. Dans le passé, Catalans et Provençaux étaient très proches. De même aujourd'hui, leur sensibilité est voisine. La grande différence entre eux est qu'avec la renaissance de la poésie catalane, l'idée de patrie catalane a grandi, ainsi que le regret de la liberté de jadis, tandis que ce sentiment ne saurait exister chez les Provençaux, parfaitement heureux et libres dans la grande famille française.

En somme, au point de vue de l'art d'écrire, ce qui domine dans la période qui aboutit aux Jeux Floraux, c'est un effort pour vaincre les difficultés d'une langue restée sans culture littéraire pendant longtemps et un retour aux sources vives : la poésie populaire. On n'insistera jamais assez sur le rôle de la *poésie populaire* et de la *chanson populaire* (voir au § précédent, n° IV), dans la renaissance littéraire catalane.

Sans doute Rubió i Ors et ses contemporains sont des lettrés, parfois des savants, historiens, archéologues, professeurs. Mais leur érudition, si elle leur donne un sens critique, ne leur donne pas de force créatrice.

Cependant, le travail collectif ne devait pas rester vain. C'est, en effet, aux Jeux Floraux qu'apparut le

premier des grands poètes catalans, maître de ses
moyens d'expression et en même temps libre des
influences de la mode et des courants littéraires, je
veux dire l'abbé Jacinte Verdaguer.

II. Verdaguer a écrit de nombreux recueils de
poésies lyriques et deux poèmes épiques, l'*Atlantide*
et le *Canigó*.

Ses poésies lyriques sont en majeure partie des
poésies religieuses. C'est la partie la plus durable de
l'œuvre de Verdaguer. Comme poète mystique il est
émouvant : un sentiment religieux simple, direct,
s'exprimant dans le ton de la poésie populaire, avec la
même naïveté, le même rythme instinctif, la même
simplicité d'images que la poésie populaire, telle est
l'impression que laisse la lecture de Verdaguer. Ses
notations sont si variées, si délicates et d'une telle
suavité que l'on peut, sans fatigue, en lire beaucoup.
Que l'on se reporte à la délicieuse et émouvante
séquence qui se chante dans nos églises au jour de
Pâques : *Victimae paschali laudes...* C'est exactement
ce ton-là qu'a retrouvé Verdaguer : pas de déclamation,
pas d'idées abstraites, mais des choses simples, concrètes, bien vues, dites avec charme et sobriété tout
ensemble.

Les *Idylles*, les *Cantiques*, les *Fleurettes de
saint François*, le *Rosaire de toute l'année*, *Jésus
enfant*, *Charité* et maint autre recueil parlent à
l'âme sans commentaire, avec un peu de musique,
quelques images et une émotion continue : en un

mot, le contraire de la poésie lyrique allemande que certains romantiques catalans se fourvoyaient à louer.

Les poèmes épiques de Verdaguer, qui ont été très discutés, offrent de réelles beautés. Le souffle épique ne fait pas défaut non plus. Une note originale à signaler : l'emploi, dans l'*Atlantide*, de thèmes géologiques (l'engloutissement d'un continent), et, dans le *Canigó*, l'importance des descriptions géographiques. Verdaguer aimait et connaissait bien la Catalogne et se plaisait à évoquer ses montagnes, ses cités, la mer ; il le fait avec une incontestable puissance de vision. Par contre, l'action n'a d'intérêt ni dans l'une ni dans l'autre de ses épopées ; dans la première, l'abus de la mythologie antique fatigue ; dans la seconde, l'événement disparaît devant la nature. Aussi la lecture en est-elle beaucoup moins attachante que celle des poésies lyriques.

Un sentiment fréquent dans l'œuvre de Verdaguer : l'amour de son pays. On sent que la patrie catalane vit dans son cœur ; nul n'a chanté mieux que lui Barcelone et les belles montagnes qui l'encadrent.

Les dernières années de sa vie furent assombries par le malheur et la pauvreté. Les recueils de cette période ne sont pas exempts de plaintes et de douleurs, mais si poignantes par leur simplicité, si exemptes de toute rhétorique ! Cœur admirable et touchant, qu'un saint François d'Assise eût aimé et consolé, et qui a dit sa foi naïve et profonde, parfois tout simplement, parfois dans d'ardents élans lyriques.

Le second des grands poètes catalans antérieurs à l'épanouissement récent de la poésie fut Joan Maragall (1860-1912) : Maragall est bien à l'opposé de Verdaguer en tous points. Riche, honoré et n'ayant d'autre souci que d'écrire, il s'abandonna à l'inspiration du moment et ne se tracassa guère pour chercher la forme parfaite, voire même correcte : les puristes lui reprochent sa négligence. Rien de mystique non plus chez lui, mais un éclectisme ouvert au besoin à des sentiments païens. Parmi ses œuvres lyriques les plus connues et les plus belles, le *Chant Spirituel* loue notre bas monde pour tout ce qu'il contient d'agréable et pour tout ce qui tombe sous les sens; il ne demande, pour la vie future, que des sens plus parfaits, afin de jouir des merveilles plus étonnantes encore qui, sans doute, nous y seront réservées. Nous sommes loin des élans religieux si profonds de Verdaguer.

Verdaguer avait un culte particulier pour ce doux, charmant et séraphique saint François d'Assise. L'homme de Maragall, c'était Goethe, et Goethe avec ses défauts de gros bourgeois satisfait, y compris un peu de servilité envers les grands. Maragall a traduit l'*Iphigénie* de Goethe, ainsi que d'autres pages du même poète, parmi lesquelles les *Élégies romaines*. C'est parfait. Mais l'*Iphigénie* de Goethe, ne l'oublions pas, est une œuvre qu'il est préférable de considérer comme une curiosité historique que comme un modèle. Pour rappeler un souvenir personnel, moi aussi j'ai traduit cette tragédie, dominée par les modèles français, et ma traduction a été représentée aux *Matinées* de l'Odéon, sous la direction d'Antoine, en 1909. Mais ni G. Trarieux, qui fit la conférence d'introduction, ni moi, nous n'aurions jamais eu l'idée de donner cette œuvre en exemple, n'en déplaise à la mémoire de Taine. Un fait d'histoire littéraire, rien de plus. Le modèle, c'est Racine et non Goethe.

Maragall a perdu beaucoup de temps à écrire dans les journaux. Il reste de lui cinq volumes d'articles en castillan et deux en catalan. Sans doute est-ce intéressant comme notation, pour l'historien qui cherche à rétablir la physionomie d'une époque. En tout état de cause, les articles catalans de Maragall sont mieux venus, plus incisifs que ses nombreuses pages de prose castillane. Tout cela est nécessairement de valeur très inégale.

Dans son œuvre lyrique, assez brève, on trouve, à côté d'impressions personnelles notées simplement et d'un ton contenu, un grand nombre de poésies inspirées par le pays de Catalogne, avec ses aspects, ses légendes, ses mœurs, ses croyances. Citons un beau poème sur la *Sardane*; d'autres sur la procession de la Fête-Dieu et sur la nuit de Noël; la légende montserratine de Joan Gari; le Comte Arnau; la fin du chevalier-brigand Serrallonga, une figure très populaire en Catalogne, qui a servi de sujet à un drame de Balaguer, récemment remanié par Francesc Pujols et mis en musique par Morera; *Chant de Mai, chant d'allégresse*, qui fut mis en musique par le compositeur Fr. Pujol (voir § précédent, IV); le *Chant de la Bannière*, sur lequel le maître Millet a écrit une œuvre chorale émouvante ; Maragall a essayé de donner le ton populaire à ce genre d'œuvres, bien national, et il y a réussi. Le poème du comte Arnau ne manque pas de puissance dramatique ni de mouvement.

Maragall a fait de nombreuses traductions en vers : les Hymnes homériques et la première Olympique de Pindare ; il rend avec souplesse et nuances le texte grec ; plusieurs œuvres de Goethe, des fragments de Schiller, de Novalis, de Nietzsche, ainsi que le livret de Haensel et Gretel de Humperdinck sous le titre de *Ton i Guida*. Il a tenté de transposer en tragédie l'épisode homérique de Nausicaa.

III. Avant de parler du développement récent de la poésie catalane, il importe de mettre en lumière l'influence des LYRIQUES MAJORQUINS. La première génération, précédemment signalée, des majorquins exerça son influence dès l'origine des Jeux Floraux. La génération suivante comprend des poètes remarquables : Costa i Llobera, G. Alomar, J. Alcover et Llorenç Riber.

Tous les critiques sont d'accord sur l'importance de l'apport majorquin dans la poésie catalane. Avec un peu d'habitude, on distingue le lyrisme de Majorque. D'abord il rend une sonorité limpide, comme d'une cloche dans l'air pur et cristallin d'une matinée de printemps. Bien plus, la sonorité du vers chez les lyriques majorquins évoque des visions lumineuses. Rien n'est typique à ce sujet comme d'écouter l'abbé Riber lire ses vers : poésie pleine de clarté et de soleil, images visuelles et rythmiques, avec des mots et des combinaisons de timbres évocateurs de couleurs et de lumières.

On a fait remarquer ensuite le *bon goût* des poètes majorquins. Ce bon goût se révèle par un sens juste du rythme et de l'image et par une absence de contrastes violents, de procédés propres à forcer l'attention en la frappant. Un tel artifice lasse le lecteur au lieu de le retenir. Les majorquins ne recourent pas au gros effet.

Ils se réclament d'une parenté avec le *sens classique* des Italiens, et même avec l'art hellénique et l'art latin de l'Antiquité. Et, de fait, il y a quelque chose de virgilien dans leur vision de la nature. Est-ce la beauté des îles Baléares et de leur végétation qui leur prêtent des couleurs riches et délicates à la fois ?

Il ne serait pas erroné de dire que l'influence majorquine a débarrassé la poésie catalane des traces du romantisme qui auraient pu la souiller. Les brumes germaniques ne pourraient s'introduire au pays du soleil et des fleurs.

IV. Nous étudierons maintenant quelques-uns des poètes catalans qui nous paraissent synthétiser le mieux les *tendances directrices* de la poésie lyrique, qui est jusqu'à présent l'expression la plus riche et la plus variée de l'art littéraire en Catalogne. A cause même de cette richesse, nous devons renoncer, dans un livre comme celui-ci, à l'analyse de chacun de ces poètes. Nous renvoyons le lecteur à l'*Anthologie* en catalan d'Alex. Plana, excellent poète lui-même en même temps qu'historien avisé de la poésie catalane ; le public français pourra, d'autre part, se faire une idée de la poésie catalane actuelle par l'*Anthologie* de Schneeberger (traduction française de poètes catalans) et les Chroniques sur les *Lettres catalanes* publiées par Pitollet et J.-S. Pons dans le *Mercure de France*.

Nous faisons précéder notre étude sur les *tendances directrices* d'un tableau chronologique des poètes lyriques catalans, suivant les *Anthologies* citées.

Poètes nés de 1854 à 1860. — Llobera, Alcover, Apelles Mostres, Ruyra, Maragall, Guanyabéns.

De 1861 à 1870. — M.-S. Oliver, Salv. Albert, Cl. Planas i Font, Ant. Navarro, Ll. Via.

De 1871 à 1880. — Ignasi Iglesias, M.-A. Salva, Jér. Zanné, G. Alomar, J. Bofill i Màtas, Perez-Jorba, Guasch, Cr. de Doménec, Fr. Sitjá i Pineda, J. Lleonart, J. Llongueras, Jos. Pijoan.

De 1881 à 1890. — P. Vidal, Ll. Riber, X. de Viura, Eug. d'Ors, J. Puig i Ferreter, P. Salomi Morera, J. Carner, Fr. Pujols, Maseras, Prat Gaballi, R. Vinyes, Miq. Ferrà, M. de Palol, López-Picó, J.-Seb. Pons, J. Folch i Torrès, T Catasús, A. Carrión, Alex. Plana, J. Malagarriga.

De 1891 à 1900. — Ll. Valeri, J. Masso i Ventos, V. Solé de Sojo, Bertran i Pojoan, J. Arús, C. Soldevila, Clementina Arderiu, J. Folguera, C. Riba, J.-M. de Sagarra, Salvat Papasseit, Millas-Raurell, Marian Manent, J. Maurici.

A cette liste, qui n'est pas complète, il faut ajouter Jos.-Maria Garganta, Riu i Dalmau, F. Soldevila,

Josep-M. Junoy, Narcisse Masó, Tomas Garcès, Mercè Vila i Reventós... et sans doute que j'en oublie, tous intéressants à divers points de vue, et quelques-uns particulièrement représentatifs de la pensée catalane.

Parmi ceux-ci, JOSEP CARNER est de première importance pour l'histoire des lettres catalanes dans leur période actuelle [1]. L'un de ses mérites essentiels est d'avoir à la fois précisé et enrichi la langue poétique, j'allais écrire la technique poétique de sa langue : dans tout art et dans la poésie comme ailleurs, la technique, l'usage de la matière est de première importance. Carner a substitué au laisser-aller qu'on reprochait à Maragall une forme volontairement élégante et ferme à la fois. En d'autres termes, à l'émotion un peu facile qui naît du sujet, il préfère une émotion plus haute et plus durable : celle qui naît de la beauté de la forme. Suivant J. Ruyra, Maragall était avant tout un émotif, il ne raisonnait pas, mais rendait son impression. L'émotion existe tout autant chez Carner, mais elle revêt une forme moins élémentaire.

On sent chez lui la connaissance approfondie des deux littératures qui, au XIX° siècle, ont donné le lyrisme le plus parfait et le plus original, la littérature française et la littérature anglaise. Outre son œuvre à lui, Carner a traduit en catalan des œuvres importantes de ces deux littératures. Par ses poésies

---

1. Sur Carner et les suivants, voir les *Anthologies* citées et les Chroniques de PITOLLET. Voir aussi, sur Carner, PIERRE ROUQUETTE dans la *Provence latine* (1922).

lyriques, il a su élever le catalan au niveau des grandes langues poétiques de l'Europe.

Comme l'indiquait exactement Joaquim Folguera [1], Carner « réintégra dans la langue les mots les plus beaux « du catalan classique ; il en crée de nouveaux, au point « de vue poétique et scientifique ; il les relie avec une « syntaxe sobre et bien catalane ; il harmonise le son des « consonnes ; il épure et systématise l'expression popu- « laire ».

L'art de Carner donne ce sentiment de plénitude qui se dégage des vers réellement beaux et qui est si caractéristique de l'œuvre d'art intégrale. Ce sentiment naît d'une rencontre heureuse de plusieurs qualités essentielles : la tenue, c'est-à-dire la bonne ordonnance de l'œuvre, qui ménage la valeur de l'expression en chacun de ses moments ; la pureté de la forme et la puissance de persuasion de l'idée ; la nouveauté et la précision de l'image ; la connaissance technique du rythme ; enfin, pénétrant le tout, une intellectualité élevée qui n'est pas exempte d'émotion, mais préfère la beauté à l'effet. Je pense que Carner a conscience de tout cela. N'exprime-t-il pas symboliquement ces lois intérieures du lyrisme, quand il invoque Minerve à la fois guerrière et forte de sa sagesse, dans ces vers, que je traduis bien faiblement sans doute?

Ton image est l'éclair de l'orage livide,
Qui déchire la nuit, révélateur soudain,
Ou nous montre, en un soir pacifique et splendide,
Dans un nuage rose un présage serein.

1. *Les noves valors de la poesia catalana*, Barcelone, 1919.

Souveraine Pallas ! Ton égide fulgure
Sur le pays d'Attique au ciel d'un bleu profond,
Loin des langueurs d'amour tu revêts ton armure.
La guerre est dans tes yeux et la paix sur ton front.

Les qualités fondamentales de Carner se retrouvent toujours, même quand les sujets et la forme varient. Parfois la perfection formelle éclate, comme dans l'*Hiver* (du recueil : *La Brise dans les roseaux*), parfois elle se dérobe sous une allure plus familière. Carner veille à ce que la coupe du vers suive exactement le mouvement de la pensée. Il emploie le vers libre, les strophes inégales, quand sa pensée a quelque laisser-aller ; mais si la mélodie intérieure se fait ample, la forme prend une régularité plus pleine.

Ses moyens d'expression sont riches : telle chanson légère rappelle les vers que Musset disait à Ninette ou Ninon et, plus loin, c'est la peinture en demi-teintes du printemps qui s'éveille ; parfois le poète consacre tout un recueil aux aspects des gens et des choses de Barcelone, depuis les annonces lumineuses jusqu'aux belles filles du pays, et alors, il laisse libre cours à sa fantaisie ou à son ironie, quitte à revenir bientôt à ces jours où « le chemin de chaque jour nous semble inconnu ».

L'emploi de notations concrètes pour évoquer certains états de sentiments qui ne se prêtent pas à l'analyse, mais s'éveillent sous l'effort de ces notations, cet art du symbole, Carner a su l'employer avec précision, comme le prouvent des vers tels que ceux-ci :

Il est tard. Les sursauts
Des dernières charrettes, au loin, ont pris fin.
Mon cœur n'aime déjà plus les voyages
Ni la joie, ni le carquois de l'amour,
Et je tombe dans le sommeil sans images
Comme une pierre qui tombe dans un lac.

Pour achever cette esquisse de l'art de Carner, il faut signaler ses poèmes religieux, qui rendent le ton populaire avec une délicatesse et un nuancé qui révèlent, ici aussi, le grand poète.

Guerau de Liost est un pseudonyme de Jaume Bofill i Matas, catalaniste de premier plan, orateur remarquable par l'élégance et la précision, chef du parti des jeunes Catalans (*Action Catalane*) dont la *Publicitat* est l'organe. Nous n'avons pas à parler ici du politicien, mais du poète.

L'art de Guerau de Liost a grandi sous l'impression des beautés du Montseny. Il les a chantées dans sa *Montagne d'Améthyste* (1908). De ce livre rayonne une véritable splendeur : clartés, gorges de la montagne qui « frémissantes, résonnent

Comme une église vide ouverte à tous les vents, »

fleurs de la montagne, jusqu'à « l'humble genêt « d'odeur sacrée qui la revêt de fête ainsi qu'un grand « autel », fougères avec des colorations vertes autour d'elles et des gouttes de rosée pour orner leur dessin subtil, abeilles qui disposent

> *Des alvéoles de cire pure*
> *En holocauste à la future*
> *Gloire de lumière du Sacrement,*

et les fruits et leur bon parfum dans la maison... Il y a quelque parenté entre les notations de Guerau de Liost et Francis Jammes, par le sentiment religieux, d'une douceur et d'un charme tout franciscains, leur amour des fleurs et des bêtes, et aussi une certaine ironie tendre. Ils diffèrent par le style, je veux dire le rythme, l'emploi de l'image et la distance des impressions du pays d'Orthez et des montagnes qui entourent Barcelone.

Puis, dans sa *Montagne d'Améthyste*, Guerau de Liost s'est souvent laissé aller au plaisir de peindre : de là ses descriptions somptueuses de nuages ; au coucher du soleil, un ciel d'un calme tragique évoque à son esprit un grand combat naval

« avec les colorations d'un Turner qui choisirait
« pour polychromer le contour des nuages les tons
« fins de la chair...

> *Et tout l'espace tremble de spasmes intermittents*
> *Comme une mer enflammée de remous de sang.*
> *Et le soleil s'y enfonce dans une détonation de couleurs,*
> *Et, avec l'explosion, soudain le mirage se fond.*

Toutes les saisons défilent dans la vision lumineuse et parmi cette nature se meuvent les hommes, les paysans qui reviennent, pleins d'allégresse, à leur montagne ; la paysanne, représentée comme la mère ou comme une bienveillante et puissante image de la fécondité ; d'autres personnages, plus mécanisés, comme le maître d'école, « un ex-séminariste, court « de cheveux, d'idées et de vue... Dans la poche pro- « fonde il porte un calendrier de l'an passé et un « vieux journal qui déjà ne paraît plus et que per- « sonne ne lisait ».

En 1913 parut *Somnis* (Songes), livre d'une sensibilité exquise et d'une ironie charmante. On y admire le don d'observation, la délicatesse de teinte et de dessin, l'aisance de la métrique. La grande image, fréquente dans la *Montagne d'Améthyste*, apparaît rarement dans *Songes*, et cependant il y a des moments d'une émotion intense, due à la force du lyrisme latent et du sentiment religieux.

C'est ainsi que le dernier poème, qui commence avec douceur : « Je voudrais être comme un petit « chemin, Doré par les lueurs de l'aurore », après avoir énuméré tous ceux qui y marquent leurs pas, s'achève dans un sentiment religieux d'une grande beauté : Jésus et la Vierge viennent sur le chemin et tous ceux qui y passèrent jadis y reparaissent dans un sentiment d'adoration.

La *Cité d'Ivoire* (1918), c'est Barcelone, entourée de la Catalogne protégée par sainte Eulalie, patronne de la ville ; et nous suivons le poète qui observe, en errant par les rues, les silhouettes d'inconnues dont il imagine l'existence et les passions, ou nous fait entrevoir l'intime tableau d'un bonheur familial. Enfin, avec *Sylvestre Amour* (1920), nous voici de nouveau dans la montagne. Mais ce n'est plus le fulgurant décor du premier recueil ; la note du nouveau livre est plus intime ; au lieu des Turner, Guerau de Liost nous offre des dessins, des eaux-fortes et des aquarelles. Toutes ses qualités sont ici, mais estompées, tempérées, harmonisées ; sa fine ironie rend accessible à l'art des sujets de faits-divers et donne droit de poésie à la vieille complainte ; sa richesse descriptive se contient et nous familiarise avec les saisons qu'il aime ; même l'hiver inhospitalier, il le fixe en images d'une précision amusante. « Tout est intime « sans feuilles. Tout est intime en hiver. La ligne des « montagnes s'affirme sans pudeur, l'espace est pesant « et extérieur. Il semble qu'avec la main on touche « les roches de l'autre côté. Les moutons ont l'air « tout gros et les marchands portent une écharpe de « laine. » Elles sont pittoresques, ces descriptions, et d'une sympathie discrète envers les êtres et les choses. C'est peut-être dans ce dernier recueil que Guerau de Liost à trouvé le mieux son style. La forme a un laisser-aller qui charme, un faux air de négligence avec une parfaite maîtrise du vers, une entente exquise des nuances.

L'art de J.-M López-Picó, comme celui de J. Carner, s'élève jusqu'à prendre une valeur universelle. Avec eux, la poésie catalane peut se comparer à n'importe quelle autre. Mais tandis que Carner suit souvent un instinct qui l'entraîne à transposer les spectacles de la réalité en images de beauté pure, López-Picó aime l'observation concrète et ne s'en détache pas aisément. Il laisse à son esprit pleine liberté de s'attarder aux aspects pittoresques des choses, quels que soient les spectacles qu'elles donnent, et pourtant on le définirait mal en lui prêtant une notation réaliste. Comme Carner, il choisit et transfigure, mais dans une perspective différente. Il laisse aux émotions leur accent, même rude. Dans *Popularitats*, il n'hésite pas à écrire :

« Le battement de mon cœur te disait : tu, comme
« un marteau qui frapperait un clou. »

L'expression est appuyée, d'une énergie voulue. Il soutient le ton, même tendu comme dans ses poèmes du *Port* :

Au large sous le ciel la tempête se rue ;
Chaque lame est comme la rime d'une chanson de geste,
Vers héroïques de la mer, que le vent
Déclame en large pompe et sonore et stridente.

Il est d'une splendeur multiple à évoquer la vie du port, soit qu'il se sente profondément troublé par son « air de douceur pénétrante » qui lui vient de « la force divine et dispersée des vents », soit qu'en voyant débarquer les marins venus de peuples lointains, qui « arrivent à terre et chantent », en apportant avec eux toute la mer, il s'écrie :

Leurs vies en plein soleil me semblent flamboyantes.
Ils se meuvent dans l'air ainsi qu'un étendard.

A certains moments l'élan lyrique déborde (comme l'*oració barcelonina*) ; malgré un peu de panache, tout cela ne va pas jusqu'au tour oratoire, si discordant dans le lyrisme.

S'il parle de la ville, il en décrit les aspects aux heures différentes de la journée, les effets de soleil, les nuages, les vieilles rues, plutôt que l'activité fébrile avec tout ce qui s'y brasse de travail et d'idées, comme le voulait Verhaeren. Et, pourtant, l'image qui se déploie comme une banderolle au vent et l'expression frappée ne sont pas les caractéristiques essentielles de López-Picó ; il ne s'est pas laissé entraîner bien loin dans ce sens ; au contraire, il a réagi, brisant le rythme et substituant à l'élément décoratif une multiplicité et une légèreté de mouvements qui passent dans ses vers avec on ne sait quel air de danse populaire et divine à la fois. Et il s'en rend compte.

Une de ses *Épigrammes* vante la Sardane, cette ronde expressive de la *liberté*, de la *mesure* et, en même temps d'un sentiment de *cordialité*, de bon accueil. Elle reste *pure* parce qu'elle connaît la limite de la liberté, nous dit le poète. Nous soulignons à dessein ces mots. Rien ne paraît mieux définir l'art de López-Picó, depuis qu'il a pris conscience de lui-même, clairement. Le sens de la *liberté* enrichit son art de nouveaux moyens d'expression. Il emprunte aux procédés des symbolistes certains effets heureux, la répétition des mêmes mots à la rime, l'insistance de sonorités vocaliques déterminées, mais il n'en abuse pas : ici intervient le sens de la *mesure*. La *cordialité* est, dès le début, naturelle à López-Picó. Son art sera donc bien dans l'esprit de la Sardane.

Enfin la valeur psychologique des choses et le *mystère* (dans le sens que Hello donnait à ce mot) s'affirment dans son œuvre à mesure qu'il avance, et cela, plus fortement que chez nombre d'autres poètes catalans. La note religieuse ne manque pas plus chez lui que chez Carner ou Guerau de Liost, non seulement dans ses beaux poèmes sur le *Corpus*, sur saint Paul, saint Pierre, sur le saint Rosaire, mais encore dans le ton général de certains recueils (tel *Images*, dans *Poésies*, 1910-1915).

Grâce à cette valeur psychologique accordée aux choses, López-Picó a réussi à retaper le vieil arsenal romantique, la Mort, la Nuit, les Étoiles, et même à repeindre la Lune à neuf, ce qui n'avait guère réussi qu'à Laforgue et à Guigou, chacun dans une teinte différente.

Une dernière particularité : López-Picó a écrit un grand nombre de poèmes courts, et dans son recueil d'*Epigrammes* et dans d'autres œuvres plus récentes comme *Le Retour* : ce sont des impressions d'un moment, des pensées ou de petits tableaux qui ont la fraîcheur de pièces de l'*Anthologie grecque* ou de quelque dessin antique, gravé à la pointe sur une pierre.

Œuvre complexe, riche, qui donne à réfléchir et à retenir. Aussi exerce-t-elle une grande influence chez les jeunes poètes. Ouvrant la voie à de nombreuses possibilités, elle est féconde, en dehors de sa valeur propre.

Voici maintenant un poète qui s'est, dès ses débuts, affirmé personnel et en même temps caractéristique de l'âme catalane, J.-M. DE SAGARRA. A lire ses *Poèmes et Chansons*, qui contiennent des vers écrits entre 1912 et 1921, on comprend que les critiques aient dû avouer que le lyrisme de Sagarra n'entrait dans aucune de leurs catégories. Et il n'est guère de plus bel éloge pour un poète que d'échapper aux étiquettes des critiques.

Le sentiment qui nous prend en écoutant les vers de Sagarra est très complexe et difficile à démêler : fait d'autant plus étonnant que le premier contact nous donne plutôt l'impression de quelque chose de simple, de notes prises sur le vif. Sagarra semble avoir pensé, comme Goethe, que la réalité était toujours intéressante là où l'on savait la saisir. Aussi, un événement banal, une chose aperçue et remarquée, une personne rencontrée, un aspect du pays suffisent-ils pour que son inspiration s'éveille. C'est que Sagarra possède un don précieux, celui de capter et de fixer les traits caractéristiques d'un état d'âme, d'un spectacle, d'un événement. En peu de mots il évoque à la fois la réalité et l'émotion qui nous relie à elle. Je relève au hasard cette strophe, écrite à Gérone :

Sous le pont l'eau s'écoule, triste.
C'est l'eau de la pluie à Toussaint.
Le ciel est mauve, rose, améthyste.
Il y a des ors de feuille, au loin, par les chemins.

Les notations observées sont pour lui des symboles

ou, plus exactement, les choses ont une signification : le poète sait nous faire entendre le son de leur âme. La précision presque réaliste du détail se joint, chez Sagarra, à une impression plus intérieure, à une divination qui, derrière des visions passagères, évoque des destinées ignorées. A le lire, on pense souvent à un tableau qui mettrait en lumière un groupe ou un individu d'avant-plan, mais prolongerait ses gestes en une pénombre animée de voix et de visions qui n'osent se définir.

Aussi excelle-t-il dans l'évocation de ces sentiments que tous nous avons éprouvés, la tristesse des dimanches, le dégoût d'un jour de gaîté populaire, l'ennui d'endroits où l'on se sent seul et étranger ; il sait à la fois mettre en lumière le détail concret et créer à l'entour l'atmosphère plus imprécise que réclame le sentiment.

D'autre part, l'expression poétique du sentiment n'a jamais chez lui ce flottement particulier à certains lyriques anglais contemporains et que l'on retrouve parfois chez nous, par exemple, quand Gustave Kahn tâche de faire passer des effets musicaux dans le vers. Chez Sagarra, le sentiment ne perd jamais ses attaches réelles ; on cite souvent de lui ce qu'il dit du sang qui semble monter de la terre et tenir dans une même circulation la vie du sol et de ceux qui s'y meuvent ; lui-même il a puisé de l'ardeur dans la vie de la terre catalane : ses montagnes, ses légendes, ses cités s'animent singulièrement dans son imagination.

Sagarra a écrit aussi pour le théâtre. Qu'il s'agisse

d'une œuvre tragique comme *l'Étudiant et l'Héritière*, ou d'une comédie fantaisiste et un peu moliéresque comme *le Jardinet de l'Amour*, il ne se soucie ni de fouiller la psychologie de ses personnages, ni d'inventer une intrigue inattendue, ni de suggérer des idées morales ou sociales. La trame d'une pièce de théâtre est pour lui l'occasion de faire exprimer par les personnages des impressions semblables à celles que chante le poète lyrique. Ils sont comme autant de voix différentes d'une situation conçue lyriquement et non dramatiquement. Pourtant, ils sont vivants, ils se maintiennent semblables à eux-mêmes, mais ce sont des types connus. Ce qui est neuf, c'est la couleur, l'expression, le détail, en un mot, la forme, le style.

Sagarra semble se laisser aller, au théâtre, à un lyrisme aisé, plus extérieur, moins concentré que dans ses poèmes. Ceux-ci, en effet, sont destinés à être lus « intérieurement », si l'on peut dire, tandis que les conditions du théâtre sont très différentes de la scène intérieure.

Si nous le comparons aux précédents, il n'est pas le poète volontaire et conscient qu'on devine chez Carner, ni l'analyste penché avec douceur et ironie sur ses états d'âme comme Guerau de Liost, ni l'inquiet et parfois hermétique López-Picó ; il y a plutôt chez Sagarra une prédominance de l'élément instinctif, du regard naturel qui se porte vers les choses du dehors, et un grand sens de liberté.

Avec C. Riba et son *Premier Livre de Stances*, un

art très différent du précédent se présente à nous. Très expert dans l'histoire des littératures, il a traduit Homère, il sait à fond l'italien, il a étudié les écrivains français, anglais, allemands. Cela se sent dans son œuvre. Il n'hésite pas à transposer en catalan certaines images devenues classiques en d'autres littératures, mais sait en user avec prudence. C'est ainsi que l'on retrouve dans ses vers « l'innombrable sourire de la mer » d'Eschyle, ou encore la notation souvent employée, mais toujours agréable à revoir, de « la maison claire et du pays verdoyant » où nous ne serons plus et qui deviendront « sonores d'autres vies que des nôtres... » à quoi Riba ajoute avec beaucoup de grâce que ces présences étrangères ignoreront que « toi et moi, ombres jalouses, entretenons dans chaque chose aimée une lueur enchantée ». De même la « fumée d'une cabane paisible, qui monte, lente et droite, et se fond dans le ciel bleu » évoque une estampe de Rivière, et certaines expressions — « Belle reine des silences immaculés », par exemple — ne sont pas sans parenté avec Laforgue.

On aurait tort de croire, pourtant, que tout cela fût artificiel. Pour le poète Riba, c'est un droit incontestable que d'incorporer dans sa langue les images qui lui ont plu ailleurs. S'il leur donne une valeur nouvelle par le contexte, il fait œuvre d'artiste. Car autre chose de plaquer des emprunts dans un texte auquel ils ne répondent pas, autre chose d'insérer un motif connu dans un ensemble qui rende un son personnel : nombre de musiciens, de sculpteurs et d'architectes l'ont fait.

Aussi, n'est-ce pas un reproche que j'adresse à C. Riba que de rappeler ses connaissances littéraires et l'emploi qu'il en a su faire. Mon but, ici, est de donner une esquisse des directions essentielles du lyrisme catalan et des traits distinctifs de ses principaux représentants.

Il serait faux de penser que la poésie de Riba fût œuvre de tête, intellectuelle uniquement. Au contraire, l'impression de sa lecture est plutôt « cordiale » au sens étymologique. La preuve : souvent il met en épigraphe à un poème une citation d'un auteur anglais ou américain. On lit le poème ; la citation est oubliée ; le cœur a parlé ; en passant de l'épigraphe à l'œuvre, changement complet d'atmosphère et de climat ; au lieu du lyrisme anglais, on penserait plutôt aux images douces de certains vers de Ronsard, prolongées et un peu déformées par les harmonies des symbolistes et leur art d'évoquer, en un néologisme d'expression, un sentiment dont les contours s'estompent et se perdent dans une pénombre pleine de choses qui vivent. Et c'est par ce dernier effet, mais uniquement par là, qu'on trouverait quelque lien entre Sagarra et Riba et qu'on songerait à remonter à des influences communes.

Ce serait manquer à la plus élémentaire courtoisie que de parler de C. Riba sans mentionner Mme C. Riba, connue dans la poésie catalane sous son nom de jeune fille, CLÉMENTINE ARDERIU.

L'œuvre de Cl. Arderiu est comme une musique nette, bien harmonisée et sans dissonances. Le senti-

ment est de bon équilibre ; il reçoit les impressions
sans se disloquer. Même la solitude n'a rien de terrible
pour elle ; au contraire, elle se peuple de souvenirs, de
voix et de vols d'oiseaux.

Il y a, dans l'œuvre de Cl. Arderiu, quelque chose
de franc. Une bonne sécurité s'en dégage. On la comprend quand elle demande la clarté d'âme, le désir
vivant et un outil de travail, et qu'elle éloigne l'im-
portun pour faire place entière à l'aimé.

C'est une route ensoleillée que l'on suit avec elle.
Jadis enfermée dans la ville, elle rêvait de campagne
en lisant les poètes ; quand, enfin, elle y arrive, elle
reste émerveillée devant un bel arbre, comme le poète
hindou que le batelier attendit jusqu'au soir pour ne
pas troubler sa méditation. Il y a une différence : Clémentine Arderiu est moins contemplative, elle a le
sentiment concret et très catalan des réalités et, prenant pour exemple sainte Thérèse de Jésus, elle les
regarde en face, sans laisser entamer sa volonté, sans
faiblesse.

Tout autre — par comparaison — l'œuvre de Mercè
Vila (*Flor de l'Amor* et *les Hores*). Mélancolique et
rêveuse, son âme n'est pas de volonté, mais d'impressionnabilité. Elle est entraînée par ses émotions et par
ce que lui envoient les choses extérieures. La description domine, une description affective qui confond le
poète et les êtres auxquels son regard s'attache, fleurs,
arbres, mer, souvenirs, saisons. Parmi ses images, il
en est qui ont un air de parenté avec cette manière

d'expression *collective* qui se dégage d'un mouvement littéraire au moment où il arrive à se préciser ; il en est d'autres qui sont nouvelles et évocatives : ainsi quand Mercè Vila compare les roseaux qui se courbent sous le vent aux lances d'une armée qui s'inclinent devant le roi.

Quand un mouvement littéraire déterminé arrive à maturité, il se fixe — comme nous venons de le remarquer — certaines expressions, certaines manières de dire et même de percevoir les choses qui tendent à devenir collectives, à s'imposer aux poètes. Il s'établit, entre les écrivains d'une même tendance et d'un même milieu, des similitudes ou, plus exactement, sur la personnalité de chacun il se plaque une couche superficielle qu'y dépose l'ambiance artistique.

Ce phénomène fréquent se vérifie une fois de plus chez les derniers venus des poètes catalans. Les vrais poètes le subissent un instant, puis le surmontent. A ce point de vue, l'œuvre de MILLAS-RAURELL est curieuse à étudier. Son *Premier Livre de Poésies*, malgré les maladresses et les imperfections, exprime souvent avec spontanéité les désirs et les vœux du poète ; celui-ci regarde plutôt en lui-même que vers le dehors ; c'est lui, avec ses aspirations personnelles, qu'il traduit le mieux et souvent simplement, directement.

Son deuxième livre (*Trente Poèmes*) est beaucoup plus parfait de forme, mais ici l'ambiance littéraire se substitue parfois à la spontanéité : c'est ainsi que nous retrouvons le poème le plus beau, « celui que jamais personne n'a écrit ni n'écrira » (!) ; ou encore des arbres qui semblent, l'hiver, une « procession de cadavres animés », sans compter les lumières crépusculaires et les comparaisons stellaires et lunaires. Cela, c'est le plaqué. Mais, sous ce plaqué, il y a le vrai poète, celui qui écrit, dans l'Ode à l'aïeule :

O cette aïeule petite et rabougrie,
Et si belle en dépit de toutes ses années,
Elle a des joues comme des pommes calvilles,
Et sur ses lèvres un tremblement étrange.

Voilà qui est à la fois bien vu et dit avec charme et bonté, humainement, sans rhétorique. De même :

Je franchis le seuil de cette vieille maison
Pour secouer un peu ma lassitude
Et, en me trouvant au milieu de la fête, en pleine nuit,
Je dis : « Seigneur, que grande est ma solitude ! »

C'est cette note personnelle, d'un sentiment juste, qui domine dans le *Troisième Livre de Poèmes* (1922) : Millàs-Raurell s'y montre maître de sa technique, et les qualités qui définissent son lyrisme s'y développent à l'aise. Il nous parle de lui surtout, directement, sans passer par la périphrase, et les choses du dehors sont comme les images de ses propres peines et des mouvements de son âme. Il veut les associer à ses tristesses et à ses espoirs, de près, non comme des symboles, mais comme des êtres semblables à lui :

Brise de la plaine, vent fou des cimes hautes,
Frisson de l'herbe toute verte,
Frémissements de vergers, rythmes des hauts
Blés tout mouvants, animez mon verbe

Et dansez parmi mes mots la danse grande
Des pensées et des passions qui y naissent.
Que vienne tomber sur mon chant
La pluie féconde et que les bons fruits y croissent.

Et, de fait, le vent, la mer, l'arbre chantent dans ces poèmes et pleurent avec le poète qui se sent seul et voudrait trouver une compagne pour fonder un foyer : amour honnête, plein de paternité latente et de bonne affection. Cela est sincère ; aussi l'image est-elle juste et parfois nouvelle.

Il semble que Joaquim Folguera, que nous avons signalé comme critique d'un goût sûr et qu'une mort prématurée a enlevé, ait introduit dans la poésie catalane des accents plus intimes, un ton élégiaque mêlé de douceur, de subtils accords et aussi, par moments, d'une sensualité particulièrement rare ici. Ce sont des tendances qui tranchent sur celles auxquelles Carner donna l'essor. Chez Folguera, le sentiment religieux aussi a quelque chose de plus inquiet ; son ardeur révèle une torture intérieure. On pourrait dire que l'art de Folguera nous parle de l'amour et de la mort avec un raffinement de nuances qui lui donne une place à part parmi les écrivains catalans.

Et c'est encore cette note ardente que nous entendons chez VENTURA GASSOL (*Amphore* et *La Nef*), mais avec un son héroïque et clair, une langue magnifiquement sonore et un sens du mouvement, une passion qui fait de lui un romantique parmi le classicisme dominant chez ses compatriotes. Jamais rien de banal, un chant qui a du plein ; il décrit moins qu'il ne dramatise ; l'émotion l'emporte chez lui sur la description.

MANENT, par contre, a un sens profond de la nature et, pour préciser, un ton virgilien ; l'impression est lumineuse, il circule de l'air dans sa poésie. L'image descriptive s'élève parfois à une grande beauté, comme dans la comparaison du « nuage blanc qui, « dans le bleu du ciel, semble le magnolia unique « d'un grand jardin désert ». Le sentiment religieux se rapproche chez lui de la simplicité populaire (le *Petit Bréviaire*, l'*Oraison à N.-D. de Queralt pour le temps de sécheresse*, les *Heures de Noël*), avec le « franciscanisme » que revêt ce sentiment chez les écrivains catalans. Et tout ce qui est dit de la terre est émouvant, comme le beau *Chant nouveau à la vigne*, qui associe la vie humaine à la vie des choses naturelles.

Terminons en citant un autre jeune poète, THOMAS GARCÉS, dont le premier recueil (*Vingt Chansons*) atteste les dons innés. En dépit de certains clichés collectifs, les qualités personnelles de Th. Garcés sont assez fortes pour paraître dès aujourd'hui en pleine lumière : un sentiment droit et simple des choses, sans rien de contourné, une manière naturelle de chanter, beaucoup d'aisance dans le vers, et la faculté de s'extérioriser, de se placer au cœur des choses, de se fondre en la nature, sans parler de soi : les critiques le rangeraient parmi les poètes « objectifs ».

Pour résumer, dégageons quelques traits communs aux poètes que nous venons d'étudier comme représentatifs des tendances directrices du lyrisme catalan. C'est d'abord un souci de la forme, qui se manifeste par la recherche de sonorités, de rythmes et d'images : influence des poètes français, depuis Baudelaire jusqu'aux symbolistes les plus récents. Ensuite, un sentiment religieux, profondément enraciné dans l'âme catalane et qui lui a inspiré des accents émouvants ; un amour de la nature et de ses aspects, un plaisir à faire tenir dans le vers la lumière, le ciel, la mer, la montagne, la ville ; un certain idéalisme dans la conception de l'amour, héritage des anciens troubadours, en même temps qu'une absence presque totale de sensualité et de chaleur : même froideur que dans la sculpture d'Enric Casanovas.

C'est le sentiment d'enveloppement amoureux qui fait défaut à cette poésie, cette affectuosité spéciale, synthèse de l'élan organique, du raffinement de la sensation et de la tendresse de cœur, qui est l'une des caractéristiques de l'art français, pour la musique comme pour la poésie et pour les arts plastiques :

talisman d'impérissable charme poétique, dont on admire la puissance dans les littératures orientales, dans certains livres de la Bible, chez les Grecs, les élégiaques latins, et dont la littérature française semble seule avoir gardé le secret. En France, ce charme est aussi dans les mœurs, tandis que le Catalan, encore rude et mal dégrossi, a beaucoup à apprendre pour s'affiner.

V. *Quelques mots des autres genres littéraires.* — Le roman et la nouvelle ont été cultivés en Catalogne, moins que la poésie lyrique, parfois avec une note moins nettement catalane ; on trouve néanmoins des productions remarquables ; en nous attachant uniquement à ce qui est spécifiquement catalan, nous mettrons en vedette, comme exemples typiques, *Solitude* de Victor Catala et les recueils de Joaquim Ruyra intitulés *Pinya de Rosa* et *La Parada*.

Victor Catala est le pseudonyme de Mᵐᵉ Catherine Albert. A lire son roman *Solitude*, on trouve là une virilité, une rudesse même qui ne découvrent pas la personnalité de l'auteur. L'œuvre est « objective », suivant un terme que les critiques catalans affectionnent et qui, cette fois, paraît de mise. C'est l'histoire, très simple, de paysans qui vont vivre dans un ermitage de montagnes, comme il en existe beaucoup en Catalogne. Le récit ne ressemble à aucun roman français de ma connaissance. Je ne pourrais le comparer qu'au roman d'Otto Ludwig, *Entre ciel et terre*, avec la différence que ce dernier met en scène des gens qui travaillent sur le toit d'une église. Mais, d'un côté comme de l'autre, les personnages sont tout d'une pièce, l'action est simple, les sentiments montent en hauteur et sans complexité jusqu'au conflit. Dans ces deux œuvres, le milieu physique et matériel joue un grand rôle et l'on suit le développement de sentiments quotidiens, rudes, faisant bloc. Les personnages de *Solitude* sont restés frustes, près de la nature ; le pays où ils vivent manque de communications ; il est isolé, loin de nous. La langue aussi a quelque chose de rugueux, mais elle est puissante. Les scènes populaires sont traitées avec ampleur : telle la fête de Saint-Pons et la bénédiction des roses, et une même intensité se marque dans les pratiques religieuses et dans les goinfreries des réjouissances populaires qui les suivent.

L'œuvre de JOAQUIM RUYRA, par contre, est bien ce que l'on peut lire de plus exquis, de plus délicat, de plus nuancé qui soit. Les deux recueils que nous citions sont deux chefs-d'œuvre ; c'est ce que la prose narrative a produit de plus parfait en Catalogne. Je les place au même rang, pour ce pays, que la *Synnoeve Solbakken* de Bjœrnson pour la Norvège, et que les romans des meilleurs écrivains russes, c'est-à-dire des romanciers les plus compréhensifs qui soient des peines et des joies des êtres vivants et des pauvres humains.

On retrouve chez Ruyra la même sympathie directe pour tous les êtres vivants, simple, bonne, pitoyable aux gens et aux bêtes, mais sans rien du caractère latent et tendu de révolte qui anime la littérature russe du XIXe siècle. Les personnages de Ruyra sont moins lamentables et plus normaux que ceux de maint conteur russe : l'on sait que la vie méditerranéenne est d'une note plus chantante que celle des steppes, des bateaux de la Volga ou des vagabonds de Gorki. Notre comparaison porte sur la compréhension de la souffrance et de la joie humaine, des aspects de la nature et de tout ce que nous disent tout bas les choses qui nous entourent : en cela, l'œuvre de J. Ruyra est aussi parfaite et aussi intense que celle d'un Gogol, d'un Dostoïewski, d'un Tolstoï, d'un Gorki, d'un Andréiew.

Comme tonalité de sentiment, elle s'apparente — chose fréquente pour l'esprit catalan — à ce genre de bonté et de douceur particulier à saint François d'Assise. L'esprit franciscain est caractéristique du sens religieux et de l'amour des choses en Catalogne. Ce n'est pas la première fois que nous le remarquons. Cela explique sans doute aussi l'admiration de nombreux intellectuels catalans, et Ruyra est du nombre, pour l'éminent penseur et orateur qu'est le R. Père Rupert de Manresa, supérieur des Capucins de N.-D. de Pompeya, que, dans un de ses poèmes, Guerau de Liost promène avec grâce et sagesse sous les châtaigniers de la *Montagne d'améthyste*.

Un autre caractère de l'œuvre de Ruyra, et qui s'apparente à son franciscanisme, c'est le naturel, la fraîcheur des impressions ; elles ont à la fois la naïveté de l'enfance et l'affinement de l'œil exercé à observer.

La connaissance des hommes et des choses n'a pas tué chez lui la vivacité primesautière de la vision. De là naît un charme particulier, quelque chose de direct et d'ingénu.

L'œuvre de Ruyra évoque la terre catalane avec une exactitude de vision et une délicatesse de touche qu'on ne saurait trop louer. La lumière, le ciel, la mer, les arbres, les oiseaux, l'intimité d'un coin de paysage préféré aussi bien que la large respiration de l'air dans les espaces ouverts, rien n'y manque. Ses descriptions sont d'une étonnante perfection, sans rien de voulu, sans « littérature » et sans fatigue, avec quelque chose d'aisé, comme un jour de bon soleil.

Le roman catalan lui doit aussi d'avoir représenté les gens de mer, parlant comme ils le font, avec des expressions à eux. Non pas des pêcheurs conventionnels ! Ruyra a vécu parmi eux, et avec eux observé la mer. Cette note est moins fréquente dans la littérature catalane que la description de la montagne ou de la ville.

Outre ces deux auteurs, il en est d'autres, dans l'art de conter, qui méritent de grands éloges ; parmi eux citons le poète Carner, Narcis Oller, Rusinyol, C. Soldevila, Alex. Plana, déjà cité à plusieurs reprises, et qui a l'étoffe d'un grand romancier, enfin Maséras... Ce dernier, qui a joué un rôle actif dans le mouvement d'expansion catalaniste, a publié, outre des romans d'analyse psychologique tels que *A la dérive*, un rqman historique, *Ildaribal*, qui intéresse spécialement la Catalogne ancienne et se passe à Tarragone au temps des Césars.

Le théâtre catalan contemporain s'illustre de noms universellement célèbres, tels que celui de Guimera, l'auteur de *Terre Basse*, une œuvre d'émotion frémissante qui a été transposée en drame lyrique et, sous cette dernière forme, mise en musique par le compositeur Eug. d'Albert, et le nom d'Ignace Iglesias, dont une œuvre dramatique, *Les Vieux*, a été représentée à Paris.

Le théâtre de Guimera (1847-1924) offre un intérêt dramatique réel. L'action est bien conduite ; il y a de la vie, du mouvement. Les thèmes choisis par le dramaturge sont très variés et vont de l'histoire et de la légende au drame social actuel (comme dans *Haute Banque*, une de ses pièces récentes).

Le sentiment catalan est vif dans les drames historiques de cet auteur. Il a pris part à la politique catalaniste, dans les débuts de celle-ci. Depuis, de moins en moins en contact avec la politique, il s'est exprimé surtout par le théâtre.

La note dominante de Guimerà est un réalisme recouvert d'oripeaux romantiques. Son réalisme, très marqué dans le dialogue, est atténué, dans la structure de l'œuvre, par une certaine recherche d'effet dramatique qui s'apparente aux procédés de Sardou ou de Dumas fils. Néanmoins l'impression générale laisse dominer le réalisme. Guimerà semble se soucier peu de porter au théâtre la recherche de la beauté poétique pour elle-même, le lyrisme, ses harmonies et ses images.

Il en est de même des *Vieux* d'Iglesias. Ici, le souci

de l'événement dramatique est même absent. Le réalisme est plus strict que chez Guimerà ; l'émotion, plus aiguë, parce qu'elle ne s'appuie sur aucun artifice. Œuvre forte, de peu d'action : c'est une suite de situations, avec des caractères sans héroïsme, pris sur le vif; comme chez les héros de Gorki, un sentiment d'effort qui tombe dans le vide, un pessimisme sans issue, assez fort pour éteindre ce qui est de soi-même joyeux.

Ce genre de théâtre est parallèle à ce que réalisèrent dans les divers pays d'Europe les dramaturges réalistes, ceux que représentait Antoine en France, puis les Norvégiens avec Ibsen, Gérard Hauptmann en Allemagne et le théâtre de Gorki.

Il est imposible de prévoir, actuellement, le chemin que prendra le théâtre catalan. D'une part, d'excellents publicistes et dramaturges, tels que I. Folch i Torrès, intéressent le public à l'art dramatique ; d'autre part, M. Adr. Gual et son École d'art dramatique initient la jeunesse à l'intelligence des plus belles œuvres classiques.

§ 4.

LA VIE RELIGIEUSE

Le sentiment religieux est très profond dans l'âme du peuple catalan : l'histoire, la tradition nationale en font foi. Dès les débuts, la vie sociale est comme soudée à la religion ; de nos jours, cette union étroite a résisté à tous les dissolvants. Vie industrielle, agriculture, beaux-arts, tout s'y rattache par d'étroits liens. Il n'y a peut-être pas d'autre peuple au monde qui ait reconnu un tel nombre de saints comme patrons d'entreprises, de sociétés, de corporations, comme protecteurs de familles et de particuliers. Le sens corporatif, toujours très développé en Catalogne, ne va pas sans le patronage des saints ; il en était ainsi autrefois, il en est ainsi aujourd'hui. Les anciennes corporations plaçaient l'image de leur saint en tête de leurs statuts, dans leurs salles de réunions publiques et privées ; elles leur consacraient un autel dans une église et les plus riches leur érigeaient souvent une chapelle. C'est pourquoi l'on trouve en de nombreuses villes de la Catalogne des églises et des chapelles consacrées à des saints presque inconnus du reste de l'Europe : c'est, pour Barcelone, le cas de sainte Eulalie, protectrice de la ville.

Mais la dévotion la plus générale, et qui se pratique même dans des localités peu importantes, s'adresse au Saint-Sacrement et à la sainte Vierge. Dans la plupart des villes de Catalogne, la fête du Très-Saint-Sacrement est célébrée pendant l'octave de la Fête-Dieu, comme fête de la cité, et chaque jour on voit des processions dans des quartiers différents de la ville. Ces processions ne groupent pas seulement les confréries religieuses, mais tout le monde, depuis les autorités jusqu'aux enfants. Dans quelques villes, par exemple à Berga, cette fête a un caractère très particulier et donne lieu à des représentations de portée théologique, célébrant la victoire du Saint-Sacrement sur l'hérésie.

La gaîté et l'imagination populaires se mêlent à la fête et lui donnent cette saveur et ce pittoresque que l'esprit primesautier du peuple sait mettre en toutes choses ; le peuple trouve d'ingénieux rapprochements et sa fantaisie identifie souvent des objets très différents : ainsi, partout où il y a un jet d'eau (et c'est le cas dans le cloître de la cathédrale de Barcelone), le jour de la Fête-Dieu, on fait danser un œuf vide sur la colonne liquide ; cet œuf est l'image de l'hostie de l'ostensoir ; blanc et rond comme la sainte Hostie, il est là, partout, comme pour évoquer sa présence.

La vie moderne, heureusement, n'a pas atteint ces coutumes poétiques, cette pénétration si douce et toute franciscaine de la religion jusque dans les choses quotidiennes. Ainsi, à Manresa, ville des plus industrielles, il y a deux partis, l'un qui soutient que c'est la fête du Précieux Sang du Sauveur que l'on doit célébrer avec le plus d'éclat, et l'autre qui donne la prééminence à la fête de l'Immaculée Conception. Pas de Manrésien qui, se rencontrant avec un compatriote dans le monde, ne lui demande s'il est *fabet* ou *tremendo*, les fabets étant les bleus, défenseurs de l'Immaculée Conception, les tremendos étant les rouges, défenseurs par-dessus tout de la fête du Précieux Sang.

Le culte de Marie est très populaire dans la Catalogne. Ses sanctuaires y sont innombrables. On a dressé un calendrier indiquant toutes les fêtes de l'une ou de l'autre de ses images qui sont l'objet de la vénération populaire. A certains jours on en signale deux ou trois. Certains de ses sanctuaires sont très en vue : N.-D. de la Mercè à Barcelone ; la Miséricorde de Canet ; N.-D. des Anges à Gérone ; N.-D. de la Cinta à Tortosa ; N.-D. du Miracle ; N.-D. de Pompeya à Barcelone ; N.-D. du Montserrat...

Nous dirons quelques mots de ces deux derniers sanctuaires. Et, d'abord, le monastère de N.-D. de Montserrat, situé aux flancs de l'admirable montagne de ce nom : l'église, dédiée à la Vierge, remonte au haut Moyen Age ; le monastère appartient aux Bénédictins et comprend 200 personnes dont une quarantaine de Pères, 50 Frères, 30 à 35 enfants de l'École de Musique (*Escolania*) et les élèves des classes, qui s'étendent jusqu'à la philosophie et à la théologie. La musique liturgique y fait l'objet de soins tout particuliers et les offices, auxquels collaborent les Pères et les enfants de l'École de Musique, sont d'une grande beauté. La revue des Pères Bénédictins, la *Vida Christiana*, imprimée au monastère, publie, outre de nombreux articles sur des questions religieuses, de remarquables études sur le chant liturgique, dues au R. P. Prieur, Dom Gregori Sunyol. La bibliothèque de Montserrat, reconstruite par J. Puig i Cadafalch, est très riche en ouvrages d'histoire et de théologie. La montagne de Montserrat est un lieu saint pour toute la Catalogne : cent mille pèlerins la visitent annuellement. L'aspect imposant des rochers gigantesques qui se dressent de toutes parts sur le Montserrat comme d'immenses piliers, ajoute encore, par l'étrangeté de leur architecture, à l'attraction qu'exerce cette montagne sur le pays environnant.

L'église de N.-D. de Pompeya, au cœur d'un des nouveaux quartiers de Barcelone, est de fondation récente. Elle représente la branche catalane d'une dévotion née en Italie [1]. Le fondateur du couvent de N.-D. de Pompeya, le R. P. Rupert M. de Manresa, est un homme de génie, à la fois organisateur excellent et ferme, théologien et philosophe pénétrant, orateur admirable. C'est une des belles figures de la Catalogne et un grand ami de la culture française. Longtemps ses prêches du dimanche, à présent interrompus, — l'un en langue catalane, l'autre en castillan, — attirèrent une foule considérable. Persuasif, il

1. Le fondateur de ce sanctuaire, Bartolo Longo, très âgé, a survécu à nombre de ses contemporains Le sanctuaire italien fut fondé du temps de S. S. Léon XIII sur le Colysée de l'ancienne ville de Pompéi. On y avait établi d'abord une modeste chapelle, en souvenir de la mission de deux Pères Capucins, et l'on y plaça un petit tableau de la sainte Vierge, acheté à Naples. Dix jours après, une série de guérisons miraculeuses se manifestèrent. Aussitôt commença la dévotion. Bartolo Longo avait donné le terrain dont il était propriétaire ; la petite chapelle fut transformée et agrandie. De Pompéi, le culte s'étendit dans toute l'Italie, et rayonna de là dans le monde, jusqu'aux États-Unis et en Chine. A Barcelone, le vœu d'une pieuse famille pour obtenir une grâce humainement impossible aboutit à la construction de l'église, en un style ogival très pur, due à l'architecte Henri Sagnier. — L'apostolat des Pères Capucins de Pompeya est très actif à Barcelone. Ils ont fondé des écoles entièrement gratuites pour les enfants du peuple, une société chorale, un théâtre, un dispensaire avec 16 médecins ; 200 malades y passent par jour. Ils font d'importantes prédications à Barcelone et dans plusieurs villes catalanes.

a le don de présenter sous leurs faces diverses les
idées fondamentales de la foi catholique, les éclairant
en tout sens, montrant leurs applications scientifiques,
morales, sociales et les fixant ainsi, avec leur ampleur
et leur beauté, dans le cœur et la pensée des auditeurs.
Son langage est simple, serré, sans déclamation et
d'une tenue littéraire irréprochable. Jamais de gros
effets oratoires, mais une ardeur intérieure, une puissance de persuasion et en même temps un charme de
détails qui impriment dans les âmes la force de la
Vérité.

D'une activité inlassable, il a écrit des ouvrages
importants (*Consideraciones sobre las grandezas de
Jesucristo*, 2 vol., Barcelone, 1900; *Marial*, 2 vol.; *La
Virgen Maria en la literatura hispana* ; les *Conférences* de sainte Anne, les pages hebdomadaires du
Bulletin de N.-D. de Pompeya, des études sur des
sujets variés de philosophie et de théologie dans de
nombreuses revues) et il a fait, tous les mardis jusqu'en 1924, un cours de religion, dans lequel il rencontre des problèmes théologiques et philosophiques,
pour un public choisi, attentif et fidèle. L'auteur du
présent livre, qu'il a bien voulu admettre parmi ses
auditeurs, tient à lui rendre ici un témoignage public
d'admiration et de respect. Ses leçons sont inou-
bliables, qu'elles portent sur l'Écriture Sainte ou sur le
Miracle et les Prophéties, sur une question de morale
ou sur la psychologie du mysticisme. Le R. P. Rupert
M. de Manresa a bien voulu se charger aussi de la
leçon inaugurale du Laboratoire de Psychologie, et il

a traité avec savoir et autorité des rapports de la psychologie scientifique et de la psychologie scolastique.

Chaque fois qu'un mouvement politique ou une majorité parlementaire a tenté de troubler le sentiment religieux des Catalans, les protestations ont été si vives que les adversaires de la religion ont été réduits au silence. Quand, il y a quelques années, la majorité du Conseil municipal de Barcelone, alors radicale, a voulu supprimer les fêtes du Jeudi et du Vendredi saints, un soulèvement populaire l'en a empêchée. De même, le peuple s'est opposé à la suppression des fêtes dédiées à certains saints : ce fut le cas pour la fête de saint Étienne. Enfin, les églises qui avaient été brûlées lors du mouvement anarchiste d'il y a quinze ans ont été reconstruites, plus splendides, au bout d'un an.

Le clergé catalan comprend les sentiments du pays et les soutient. Le peuple trouve chez ses prêtres un appui moral et une direction intelligente. J'ai eu l'occasion de faire connaissance de curés de villages, dans plusieurs endroits de Catalogne, et j'ai trouvé chez eux une bonté active jointe à une réflexion sérieuse. S'il est permis, d'après ces données, de généraliser, le clergé catalan me paraît à la hauteur de sa tâche.

Dans les villes il existe des centres importants de pensée et d'enseignement, qui dépendent d'ordres religieux. Citons en premier rang le Collège supérieur des R. P. Jésuites de Sarria (Barcelone) qui, nous l'avons signalé déjà, a fondé des laboratoires outillés à la perfection et dirigés par des savants remarquables. Leur couvent est dû à l'initiative privée. En effet, une des conséquences de la centralisation espagnole étant de concentrer à Madrid musées et collections, les administrations locales et les particuliers se voient obligés de suppléer à ce que l'État ne leur accorde pas. De là, l'importance des dons privés ainsi que le bel effort des corporations religieuses.

Ce ne sont pas seulement les Jésuites qui rendent d'éminents services à l'enseignement en Catalogne, mais encore les Frères Maristes, les Frères des Écoles chrétiennes (entre autres pour la préparation aux carrières commerciales) et les « Escolapis », qui ont à Barcelone quatre collèges importants, dont un internat et trois externats, et qui conduisent les jeunes gens jusqu'à la rhétorique ; après quoi ceux-ci passent leur baccalauréat à l'unique lycée que le Gouvernement possède dans la grande agglomération de Barcelone !

Ces différents ordres exercent donc une réelle influence. Les Jésuites n'ont pas pris parti dans la question catalaniste, leurs statuts leur interdisant ce genre d'action ; la noblesse catalane s'est formée chez eux et elle s'est tenue à l'écart de la Renaissance politique et intellectuelle du pays. D'autre part, d'excellents catalanistes ont suivi leur enseignement et il est à noter aussi que le Collège de Sarria compte parmi ses professeurs des Catalans patriotes, qui ne se désintéressent pas du mouvement[1].

1. Le R. P. Jos.-M. March, S. J., a fait ressortir la parenté entre la mystique de saint Ignace de Loyola et celle de théologiens catalans du Moyen Age, tels que Ramon Lull. (*Juventus*, juin 1923.)

Le maintien de la pensée catholique trouve un autre point d'appui dans les missions internes, qui ont toujours grand succès. Même dans les villes industrielles, telles Sabadell et Tarrassa qui, par leur état économique et par le travail des syndicats révolutionnaires, sont plus aisément accessibles à l'impiété et au désordre, les missions internes attirent une grande foule dans les églises.

Enfin, la propagande religieuse par l'écrit est devenue très active en Catalogne. Il s'est constitué une société éditoriale de prêtres, le *Foment de Pietat*, qui a pour but de publier exclusivement des œuvres traitant de questions religieuses, en langue catalane et dans le style le plus pur possible. En outre, il faut citer des publications périodiques spéciales, la *Vida Christiana* des P. Bénédictins de Montserrat, la *Revista Franciscana* ou le *Bulletin* de l'église de N.-D. de Pompeya, la *Paraula Cristiana*, revue particulièrement importante et très lue, due à l'initiative du chanoine C. Cardo, de la cathédrale de Barcelone. Une autre question se pose encore, à propos de la vie religieuse en Catalogne. Existe-t-il ici une intellectualité religieuse supérieure, comme elle se manifeste en France et en Belgique, à preuve l'attention avec laquelle on lit les ouvrages de S. E. le Cardinal Mercier et de ses illustres collaborateurs de l'École néo-thomiste de Louvain, ou bien ceux de Mgr Baudrillart, du R. P. Sertillanges, du R. P. Peillaube, du R. P. Gillet, d'Étienne Gilson, de Maritain ? Tandis que la littérature castillane, très riche en œuvres mystiques durant sa grande époque, semble aujourd'hui se désintéresser de ce sujet, puisqu'elle ne donne même pas de traductions des grandes œuvres étrangères, en Catalogne, par contre, la Renaissance littéraire et politique a coïncidé avec un renouvellement du sentiment religieux et secondé celui-ci. C'est ce que l'on constate d'abord par les importantes traductions en langue catalane des œuvres bibliques et ascétiques de l'étranger, que l'on incorpore ainsi à la pensée du pays ; ensuite, d'importantes œuvres originales, dues à des religieux catalans, ont vu le jour : les livres de liturgie et de dévotion ascétique de Torras i Bagès, le *Pater* et l'*Esprit de saint François de Sales* du R. P. Michel d'Esplugues, les conférences de piété du P. Casanovas, S. J., et du prêtre Carreras, riches en considérations théologiques d'une haute mentalité, les écrits, prêches et conférences déjà cités du R. P. Rupert M. de Manresa et les prédications du R. P. Antoni M. de Barcelone, etc., etc.

Les belles poésies mystiques de l'abbé Verdaguer ne sont pas restées isolées, et plus récemment des prêtres ont su donner à leurs sentiments religieux une expression d'une grande pureté.

Quant à la philosophie, elle est thomiste et scolastique. On sait l'importance de la renaissance du thomisme, son extension croissante depuis quarante ans et les ouvrages de premier ordre qu'elle nous a valus. Cette renaissance n'est pas artificielle. S. S. Léon XIII ne l'a pas créée d'une pièce, mais l'a soutenue de son autorité. Elle est due à la supériorité de l'aristotélisme et du thomisme qui, par la haute spiritualité, la cohésion des doctrines et le sens du réel, répondent à la fois aux exigences de l'idéal et aux besoins de l'esprit scientifique. Cette philosophie s'élève rapidement sur les ruines du rationalisme moderne, du criticisme et des philosophies pseudo-scientifiques qui n'ont pas su satisfaire les interrogations de l'âme humaine. Aux noms de Balmès et de Torras i Bagès, déjà cités; à ceux de Puig i Xarrié, de Marti Eixèla, de Cormellas i Cluet, on peut ajouter ceux de quelques chanoines actuels de la cathédrale de Barcelone, Llobera, Ribó, C. Cardo, ainsi que de l'abbé Carreras.

Pour souligner une fois de plus l'union intime de la vie du pays avec le sentiment religieux, signalons en terminant la renaissance des rondes catalanes d'origine et de sentiment religieux, la *Sardane*, antérieurement mentionnée à plusieurs reprises, et le *Contrapas*, que l'on dansait en chantant de longues citations des Évangiles.

Cette fusion de la religion et du sentiment populaire est telle que, parfois, les airs de sardane s'inspirent de chants religieux. C'est ainsi que l'excellent organiste de l'église de N.-D. de Pompeya, M. Catala, a composé une sardane dans la musique de laquelle s'entend l'*Ave maris stella*. Plusieurs de ces sardanes rappellent d'anciens pèlerinages. Et dans les concerts de l'*Orphéon catalan*, émanation du sentiment collectif du pays, quatre-vingt-dix pour cent des œuvres exécutées sont des compositions religieuses.

CONCLUSION

Une conclusion est-elle nécessaire? Après l'exposé, que nous avons voulu impartial, du réveil de la Catalogne, le lecteur qui nous aura suivi attentivement se sera fait de lui-même une conviction. Il aura remarqué combien le mouvement scientifique, artistique et politique étudié dans ce livre diffère des mouvements régionaux que l'on peut observer en France. Quelle que soit, par exemple, l'importance de la littérature provençale, il ne viendrait à l'idée de personne que la Provence pût souhaiter un seul instant de s'isoler de la grande famille française. Bien plus! Ce sont des pays libres et doués d'une vie sociale autonome, comme la Belgique, qui cherchent à contracter avec la France une union plus intime. La France est un foyer de lumière et d'attraction : privilège que seule elle possède.

Tout autre est la situation en Espagne. Ce n'est pas la première fois que se font entendre des revendications d'autonomie dans la Péninsule Ibérique. Au cours des temps, le Portugal a su conquérir son indépendance; aujourd'hui, la Catalogne surtout et le Pays basque prétendent à une autonomie; mais, ailleurs, il existe aussi, à l'état latent, des désirs d'autonomie.

Les Catalans, nous l'avons vu, insistent sur les caractères originaux de leur activité propre, ainsi que sur la tradition historique de leur pays, pour fonder leurs revendications. Effectivement, la Catalogne présente une *unité ethnique*, si l'on entend par là une unité de langage et une similitude de mœurs ; elle offre au même titre une *unité economique* fondée sur des intérêts et des efforts communs ; une *unité politique*, dont l'ancienne Mancomunitat fut l'expression vivante ; enfin une *unité d'idéal*, proclamée par l'œuvre de ses écrivains, de ses artistes, de ses orateurs. L'analyse des faits nous conduit donc à reconnaître l'existence de ce que l'on a appelé la *nationalité catalane*. Il existe un problème catalan ; il a été posé ouvertement ; il ne pourrait se résoudre par des moyens de rencontre. Telle est la situation.

Dans la solution de ce problème, les tendances des Catalans et celles du gouvernement de Madrid sont antithétiques. Madrid tient pour la centralisation, pour l'emploi officiel de la langue castillane dans tout le royaume et pour l'unification du droit. Par contre, les Catalans entendent défendre leurs institutions juridiques, leur langue à eux et s'administrer eux-mêmes.

Outre ces questions d'organisation il faut signaler les divergences de caractère propres à accentuer l'hostilité. Nous les avons notées au cours de notre exposé. Il résulte de là, entre Catalans et Castillans, une antipathie naturelle, accrue encore par la notion que les Castillans se font de leur supériorité, par un certain orgueil qui les distingue, et par l'irritation que provoque en eux le fait que les Catalans ont pris conscience de leurs progrès et qu'ils éprouvent du plaisir à le constater. Dans un discours électoral récent (juin 1923), Cambó, le chef du parti catalaniste à la Chambre espagnole, dénonçait la jalousie des gens de Madrid envers l'œuvre réalisée par la Mancomunitat de Catalogne, et toutes les sociétés importantes de Barcelone ont fait entendre leurs plaintes au sujet du sentiment d'envie de la capitale espagnole à l'adresse de la capitale catalane.

Cet état de choses est fait pour dérouter l'observateur et l'historien : car il semble que tout Espagnol, qu'il soit de Madrid ou d'ailleurs, devrait se réjouir d'un déploiement d'activité qui accroît incontestablement la fortune et le prestige de la nation entière ; l'étranger s'étonne à bon droit de ce que le gouvernement espagnol ne se hâte pas d'accorder aux Catalans une autonomie relative dont ils se contenteraient sans doute, au lieu de provoquer leurs susceptibilités, de rendre plus vigoureuse leur résistance et de favoriser ainsi les résolutions extrêmes.

Ce sont là des conflits qui se résoudraient à la satisfaction de tous, si les peuples étaient guidés par la raison. Malheureusement, dans les conflits de collectivités, une force irrationnelle, d'origine obscure, *vis quaedam diabolica*, travaille à entretenir les froissements réciproques ; il est rare, d'autre part, que les destinées d'une nation soient guidées par une intelligence éclairée et volontaire. Les véritables hommes d'État ne sont guère nombreux. Il faut donc tenir compte d'éléments qui échappent à la réflexion objective.

Dans l'état actuel des choses, le catalanisme se
trouve en présence d'une situation vraiment difficile.
Au point de vue économique d'abord : la Catalogne a
besoin de tous ses voisins pour s'assurer les matières
premières qui lui manquent et pour écouler ses produits manufacturés sur les marchés de Madrid et de
l'étranger. Au point de vue social : comme le facteur
humain, le travail constitue une des principales
sources de richesse du pays et que la nature n'y est
pas généreuse, il est nécessaire que règne l'ordre intérieur. Or, à ce point de vue, l'agriculture est mieux
partagée que l'industrie ; l'industrie, en effet, souffre
de graves conflits, qui sont particulièrement aigus
dans de grandes agglomérations ouvrières comme
celles de Barcelone et des cités qui l'entourent, où les
fabriques sont nombreuses.

Il serait difficile de définir tous les motifs de ces
conflits. D'après les renseignements que j'ai pu
recueillir et mes observations personnelles, la classe
ouvrière a été longtemps assujettie et n'a tenté de
s'émanciper que très récemment ; elle a subi plus
qu'ailleurs les effets de l'égoïsme patronal. Aujour-
d'hui, l'on trouve en présence, d'un côté, l'intérêt
matériel et la rapacité ; de l'autre, l'ignorance, l'envie
et la brutalité. De part et d'autre, la violence. La paix
sociale qu'a su imposer le Directoire ne semble que
momentanée, et le feu couve toujours sous la cendre.

Il ne nous appartient pas de donner ici une appréciation. Nous nous contenterons de constater qu'à
Barcelone la grève du côté ouvrier, le lock-out du

côté patronal et, de part et d'autre, l'assassinat à l'état
endémique ont été pratiqués longtemps comme armes
ordinaires.

C'est dans ce milieu troublé et instable que s'est
développé le Catalanisme. Et, vraiment, ce fut là pour
les Catalans une grande école de sens politique et de
constance. L'observateur impartial a le devoir de proclamer qu'en dépit de toutes les hostilités, ils ont fait
preuve d'une remarquable foi en leur cause et d'un
profond sens d'organisation en réalisant, sous la direction de leur Mancomunitat, des progrès importants
dans l'enseignement, la bienfaisance, l'hygiène, l'amélioration des voies de communication, l'utilisation des
ressources matérielles de leur pays. Ils ont donné en
tout cela des preuves évidentes de leur capacité à
comprendre la vie de leur patrie, de leur énergie à
l'exalter, à l'élever à la hauteur des peuples éclairés
et actifs de l'Europe.

Aussi les sympathies commencent-elles à se manifester en faveur de la Catalogne chez les autres peuples latins et tout spécialement en Italie et en France.
C'est surtout vers la France que se tourne l'intellectualité catalane. A part le cas de quelques isolés,
égarés dans une germanophilie plus castillane que
catalane, les affinités avec la France sont manifestes
chez les Catalans. Nous l'avons constaté chez leurs
peintres, leurs sculpteurs, leurs écrivains. C'est avec
la France encore que les savants entretiennent les
relations les plus étroites : la Société de Biologie de
Barcelone est une branche de celle de Paris. Du

temps de la Mancommunauté catalane, chaque année, plusieurs professeurs français faisaient des cours et des conférences à Barcelone. L'*Institut Français*, récemment créé et placé sous la direction éclairée et énergique de J.-J.-A. Bertrand, est un véritable foyer de pensée latine, un centre de réunion pour Français et Catalans. Les intellectuels catalans avaient adhéré en très grand nombre à la société qui s'était formée à Barcelone, à la veille du coup d'État, *Les Amis de la Science Française*, que les circonstances politiques présentes ont ajournée à plus tard.

Aussi la France a-t-elle de multiples raisons pour s'intéresser à la renaissance de la Catalogne. Raisons d'idéalisme : étant la plus glorieuse et comme l'aînée des nations latines, sa voix doit se faire entendre pour encourager et défendre celles de ses sœurs qui réclament leur place au soleil. Raisons d'intérêt national : une des forces de la France, c'est la sympathie active qu'elle a su inspirer à ses voisins immédiats et dont elle recueille journellement les bons effets. En 1914, il a été très utile pour elle de trouver, à ses marches du Nord, des amis aussi décidés que les Belges. N'est-il pas d'égale importance, pour l'avenir, qu'elle ne se laisse pas devancer vers le Sud et qu'elle puisse compter, ici aussi, sur des alliés fidèles ?

Barcelone, 1920-1925.

TABLE DES MATIÈRES

131-25. — Saint-Germain-lès-Corbeil. — Imp. Willaume.